미국 모기지론 채무조정제도와 소비자보호

김성숙·홍연금

pnc
publishing and culture
피앤씨 미디어

이 논문 또는 저서는 2015년 대한민국 교육부와 한국연구재단의 지원을 받아 수행된 연구임(NRF-2015S1A5A2A03049676).

머리말

세계금융위기가 발생한 2008년 이전의 상황은 부동산 버블이라는 과열 현상이 나타나고 있었습니다. 이미 알려진 바와 같이 서브프라임 모기지론 사태에 의해서 발생된 세계금융위기의 과정은 고스란히 개인 모기지론 대출자의 험난한 '내 집 지키기'의 시간이 되었습니다. 미국 정부는 세계금융위기로 인한 금융시장의 불안을 신속하게 안정화시킴으로써 경제에 미치는 파장을 최소화하려고 하였습니다. 이를 위해 미국 정부는 엄청난 규모의 구제 금융을 제공하였는데 대표적인 제도가 부실자산 구제 제도(Troubled Assets Relief Program: TARP)입니다. 부실자산 구제 제도의 주택관련 분야는 MHA(Making Home Affordable) 정책과 HHF(Hardiest Hit Fund)정책으로 전개되었고 본 연구는 MHA정책을 중심으로 살펴보았습니다.

미국 정부의 부실자산 구제 제도의 MHA정책 가운데 모기지론 채무조정프로그램(Home Affordable Modification Program, HAMP)은 가장 핵심적인 제도입니다. HAMP는 압류에 직면한 모기지론 대출자들에게 채무조정을 지원함으로써 경제위기 상황에서 '내 집'을 지킬 수 있도록 도와주는 한시적인 구제 제도라고 할 수 있습니다. HAMP는 자격을 갖춘 주택 소유자에게 월별 모기지 상환 지불액을 보다 저렴한 수준으로 감소시켜서 압류의 위험을 줄일 수 있게 도와주었습니다. 이 제도는 2009년부터 시작되어 2013년 10월 기준으로 보면 180만 이상 가족에게 모기지론 채무조정 지원이 이루어졌으며 390만 건 이상의 채무조정이 시행되었고 민간과 공공의 도움으로 700만 명 이상이 도움을 받아 압류를 방지할 수 있었습니다.

2008년 세계금융위기를 촉발시킨 미국 '서브프라임 모기지론' 부실 사태는 주택가격의 거품과 과도한 부채의 심각성을 보여주는 사례입니다. 무엇보다도 가계부채로 인한 경제위기가 발생하기 전에 예방하는 것이 최선책일 것입니다. 또한 만일의 경우를 대비하기 위하여 가계부채로 인한 위기가 발생한 이후의 구제 방안도 준비하는 것이 바람직할 것입니다. 우리나라 가계부채의 높은 위험 수준을 감안할 때 주택담보대출의 부실화에 따른 구제방안에 대한 연구는 시의적절하다고 할 수 있습니다. 미국의 모기지론 채무조정제도에 관한 본 연구는 우리나라 정부의 가계채무 관련 종합정책 수립 및 제도개선을 위한 참고자료로 활용할 수 있을 것입니다.

한편 미국에서 모기지론 채무조정프로그램의 추진 과정에서 소비자불만이 대폭 증가하였으며 미국 금융소비자보호국에서 이에 대한 상담을 주관하여 왔습니다. 본 연구에서는 2016년 HAMP가 종료된 해에 접수된 소비자불만 사례에 대한 내용분석을 통해 중요한 소비자문제를 추출하고 이에 대한 미국의 관련 소비자보호 정책을 살펴보았습니다. 미국 연방 법률인 부동산청산절차법(Real Estate Settlement Procedures Act, RESPA)과 캘리포니아 주정부 법률인 주택소유자 권리 법(Homeowner Bill of Rights, HBOR)이 모기지론 채무조정제도와 관련된 소비자문제로 인하여 제정되었습니다. 이 법률들은 모기지론 대출자가 압류 전에 자신의 집을 지킬 수 있도록 채무조정의 권리를 보장하고 합법적인 채무조정 절차를 규정하고 있습니다.

책의 구성은 다음과 같습니다. 제1장은 모기지론 채무조정제도의 활성화 연구의 필요성을 살펴보았습니다. 제2장에서는 미국의 서브프라임 모기지론 사태 이후 금융위기를 극복하기 위한 부실자산 구제 제도를 개괄하였습니다. 제3장에서는 부실자산 구제 제도 가운데 부실 주택대출 문제를 해소하기 위한 미국 모기지론 구제지원 제도의 구조를 살펴보았습니다. 제4장에서는 미국 모기지론 채무조정 상담기관 사례를 분석하였습니다. 제5장에서는 미국 모기지론 채무조정프로그램과 관련된 소비자 불만유형을 탐색적으로 조사하였습니다. 이를 위해 미국 금융소비자보호국(CFPB)에 접수된 2016년 HAMP (한시적 모기지론 채무조정프로그램) 관련 소비자불만의 사례들을 분석하였습니다. 제6장에서는 미국의 모기지론 채무조정제도 관련 법제 변화를 추적하였습니다. 연방 법률인 부동산청산절차법(Real Estate Settlement Procedures Act, RESPA)과 캘리포니아 주정부 법률인 주택소유자 권리 법(Homeowner Bill of Rights, HBOR)의 제·개정 내용을 고찰하였습니다. 제7장에서는 우리나라의 개인 신용회복 지원제도와 주택담보대출 채무조정제도를 살펴본 후 미국 관련 법률과 비교를 하였습니다.

이 책이 우리나라 주택담보대출자들이 '내 집 지키기'위한 권리를 확보하고 합법적이고 정당한 주택담보대출 채무조정의 기회를 획득하기 위한 법제화에 기여하기를 기대합니다.

2021년 4월 27일

저자 김성숙·홍연금

차 례

제 1 장

서 론

CHAPTER 01

서 론

2020년 12월말 기준 우리나라의 가계신용 규모는 1,726조원을 넘어섰으며 작년 동기대비 7.9% 증가하였다.[1] 급증의 대상은 가계담보대출이다. 2020년 주택담보대출의 잔액은 910조로 전체 가계신용의 52.7%를 차지하고 있다. 판매신용이 2020년말 기준 95.9조에 불과하고 기타대출의 잔액은 719.5조에 달한다. 명목적으로 주택담보대출을 받지 않더라도 기타대출이 상당부분 주택구입이나 주택담보대출 상환 목적으로 이용되고 있기 때문에 주택 관련 가계대출의 규모나 파급효과는 더 클 것으로 예측된다. 한편 한국은행이 가계부채 DB를 통해 분석한 결과에 따르면, 2016~2018년 중 하향안정세를 유지하던 가계대출 연체율이 2019년에는 소폭 상승세로 돌아선 것으로 나타났다. 가계대출 연체율은 아직 2~3% 수준으로 낮지만 경기침체나 주택가격의 급락 등 경기변동이 발생할 경우를 대비할 필요가 있다.

본 연구는 2008년 세계금융위기를 겪은 미국의 부실 모기지론 문제에 대한 대처 과정을 살펴봄으로써 우리나라의 가계부채로 인한 하우스 푸어 가계 대책에 대한 시사점을 얻고자 하였다. 이를 위해 미국 정부가 가계부채(모기지론)조정에 적극적으로 대처

1) 통계청, 가계신용 동향(2020).
https://www.index.go.kr/potal/main/EachDtlPageDetail.do?idx_cd=1076

하게 된 배경을 살펴보고, 주요 정책 도입과정과 유형에 대하여 살펴보았다. 이를 위해 미국 재무부의 각종 보고서 및 보도자료, 이와 관련된 학술논문을 참고하였다.

우리나라 가계담보대출은 가계신용의 50%를 차지하고 있으며 정부의 부동산 시장 활성화 조치로 인한 LTV, DTI 등 부동산 대출 관련 규제 완화와 저금리 기조의 지속으로 인해 급증하였다. 가계부채 위기 의식이 증가되어 우리나라 정부는 주택담보대출에 대한 수요억제 대책을 진행하여 가계대출 급증을 저지하고 있다. 그동안 가계부채와 관련된 국내외적으로 많은 연구와 논의들이 있어왔으나 대부분 가계부채의 상환능력, 소비지출에 미치는 영향에 대한 정량적 분석에 국한되어 왔다. 이에 본 연구에서는 가계부채 문제에 대해 미국의 대응 사례에 대한 면밀한 분석으로 우리나라의 가계대출 대책에 대한 시사점을 찾고자 하였다.

2008년 세계금융위기를 촉발시킨 미국 '서브프라임 모기지론' 부실 사태는 주택가격의 거품과 과도한 부채의 심각성을 보여주는 사례이다. 가계부채로 인한 경제위기가 발생하기 전에 예방하는 것이 최선책일지라도 만일의 경우를 대비하기 위하여 사후적인 정책방안에 대한 연구는 우리나라의 가계부채의 높은 위험 수준을 감안할 때 시의 적절한 연구라고 할 수 있다. 본 연구는 정부의 가계채무 관련 종합정책 수립 및 제도 개선을 위한 참고자료로 활용할 수 있을 것이다.

미국의 금융위기는 장기주택융자를 의미하는 모기지론의 증가와 이에 파생된 부채 급증에서 직접적인 원인을 찾을 수 있다. 미국 금융위기의 원인은 주택시장의 거품 붕괴가 근본적인 문제이지만 서브프라임대출 증가가 2005년까지 주택가격상승을 일부 설명할 수 있으며 투기가 늘었다는 점(Mayer, 2010), 2005년~2007년 사이 서브프라임 신규 대출의 대출기준이 두드러지게 느슨했다는 연구(Gerardi, Shapiro and Aillen, 2008), 연준의 너무 낮은 이자율 유지로 대출이 활성화되었기 때문(Taylor, 2007) 등의 원인들도 제기되었다. 정리하면 미국내 주택시장이 과열되고 그에 따라 대출이 증가하고 연체가 증가하면서 금융위기가 터지게 된 것으로 볼 수 있는데 주택시장의 과열 원인은 정부의 저금리정책, 대출기준 완화, GSE의 암묵적 지급 보증, 비은행 금융기관에 대한 정부의 허술한 규제에 따른 repo시장의 확대라고 할 수 있다(성채윤 외, 2011).

미국은 금융위기 극복을 위해 Stimulus Package라는 이름으로 확장적인 재정정책을 시행하였다. 2009년 2월부터 American Recovery and Reinvestment Act of 2009(ARRA)를 시행하여 총 7,890억 달러 규모의 재정을 민간에 투입하였는데 이것은 그 당시 총 GDP의 5.87%의 규모이다. 이 가운데 세금감면이 2,880억 달러, 지방정부 지원에 1,440억, 기간산업 및 과학 기술 연구개발 1,110억, 사회적 약자 보호 810억, 건강보험 590억, 교육 530억, 에너지 430억, 기타 80억 등에 투자되었다.2)

한편 글로벌 금융위기 직후 금융시장의 안정을 위해 개인을 대상으로 하는 구제금융, 즉 임시적인(비상시적인) 가계채무조정제도를 한시적으로 추진하였다. 채무조정이란 채무상환이 어려운 채무자의 이자율과 원금, 그리고 상환기간 등을 조정하는 것을 의미한다. 가계채무조정제도는 파산제도와 같은 법정 채무조정제도와 금융기관 자율 또는 사회기관의 자율적인 채무조정프로그램, 정부부처가 추진하는 행정적 채무조정제도로 구분할 수 있다. 예를 들어 우리나라의 경우에서는 법정 채무조정프로그램으로 법원에 의한 파산과 회생제도가 있으며, 사회기관으로 '신용회복위원회'의 워크아웃제도가 있고, 행정적 채무조정제도로는 '국민행복기금'이 대표적이다.

그런데 미국 가계채무조정프로그램은 주정부에서 추진하는 제도와 연방정부에서 추진하는 제도, 기타 제도 등 매우 다양하지만 글로벌 금융위기 이후 미국 전역에서 지원프로그램으로 추진된 것은 미국 재무부내 MHA에서 주관하는 8가지 제도들이 유일하다. 본 연구의 분석대상은 MHA가 주관하여 추진한 8가지 제도이다.

미국 정부는 세계 금융위기가 발생한 이후 금융안정과 주택경기의 부양이 가장 시급하다는 판단 하에 단계적 세제지원에서 단계적 채무조정으로의 일련의 조치를 한시적으로 실행하였다. 오바마 정부는 부시 정부에서 시작된 세제 지원 정책의 실행이 완료된 이후 본격적인 주택금융 지원 정책 중심으로 전환하였고 이를 위해 연방정부 하의 MHA(The Making Home Affordable Program)조직을 신설하고 총 8개의 제도를 통해 본격적으로 실행하였으며 이는 2016년 말까지 한시적으로 운영하였다.

오바마 정부의 공공의 모기지론 지원을 위한 프로그램은 미연방 재무부와 주택도시개발부 공동 관할 하에 조직되었으며, 프로그램은 조정 방식과 옵션에 따라 크게 8개

---

2) Recovery Act 관련 미국정부 홈페이지 참조.
(https://webarchive.library.unt.edu/eot2008/20090218005149/http:/www.recovery.gov/)

의 형태가 존재한다. 첫째, 대환대출인 리파이낸싱 방식으로는 대표 프로그램으로 **HARP**(Home Affordable Refinance Program), 원금 삭감까지 가능한 **FHA Short Refinance**, 후순위 추가 대출을 지원하는 **FHA2LP**(Treasury/FHA Second Lien Program)가 있다. 둘째, 모기지론 조정 방식의 프로그램은 4가지로, 대표 프로그램은 **HAMP**(Home Affordable Modification Program)이며 원금 삭감까지 가능한 프로그램은 **PRA**(Principal Reduction Alternative), 후순위 추가 대출 지원 프로그램은 **2MP**(Second Lien Modification Program)이다. 셋째, 실업자에 대해서는 연체유예 옵션을 포함하는 **HAUP**(Home Affordable Unemployment Program), 넷째, 주택 처분 지원프로그램으로 **HAFA**(Home Affordable Foreclosure Alternatives)가 있다.

위와 같은 미국 가계채무조정프로그램의 특징은 첫째, 경기부양정책의 중심이 주택금융지원정책에 있었다. 둘째, 가계채무조정방식과 옵션에 따라 다양한 프로그램이 추진되었으며 이는 주정부의 주택금융지원정책과 병행하여 제공되었다. 셋째, 주택금융지원규모가 단계적으로 확충되었으며, 매년 성과에 따라 지원규모의 조정이 이루어졌다. 넷째, 복잡한 금융지원 절차의 실효성을 높이기 위해 지역별 다수의 상담 기구를 선정하였다.

가계채무조정프로그램에 대한 해석과 평가에 관한 연구들은 미국의 서브프라임 사태와 글로벌 금융위기 이후 증가하고 있다. IMF(2012)는 미국 등 주요 국가의 가계부채 문제와 가계채무조정사례를 정리하였으며 McKinsey(2012)도 주요 선진국의 디레버리징(대출규제) 과정을 평가하였다. 이처럼 가계채무조정프로그램과 관련된 연구들은 아직 시작단계라고 할 수 있다.

본 연구는 그 동안의 미국 모기지론 채무조정 관련 문헌을 고찰하여 소비자문제 유형을 파악하고 이에 대한 정책방안을 모색하였다.

책의 구성은 다음과 같다.

제2장에서는 미국의 서브프라임 모기지론 사태 이후 이를 극복하기 위한 부실자산 구제 제도를 개괄하였다. 제3장에서는 부실자산 구제 제도 가운데 부실모기지론 문제를 해소하려는 부실모기지론 구제 지원 프로그램의 구조를 살펴보았다. 제4장에서는 미국 모기지론 채무조정 상담기관 사례를 분석하였다. 제5장에서는 미국 모기지론 채

무조정 프로그램과 관련된 소비자 불만을 탐색하였는데 CFPB의 2016년 HAMP(한시적 모기지론 채무조정 프로그램)의 사례들을 분석하였다. 제6장에서는 미국 모기지론 채무조정 관련 법제 변화를, 제7장에서는 우리나라의 주택담보대출 채무조정제도를 살펴보았다.

제 2 장

미국의 서브프라임 모기지론 사태와 부실자산 구제 제도

- '긴급경제안정화법'의 구성과 부실자산 구제 제도(TARP) -

CHAPTER 02

미국의 서브프라임 모기지론 사태와 부실자산 구제 제도

-'긴급경제안정화법'의 구성과 부실자산 구제 제도(TARP) -

미국 서브프라임 모기지론 사태이후 금융감독체계는 변화하였다. 기능적으로 볼 때 금융소비자보호 측면에서 개혁 이전의 문제점으로는 첫째, 금융소비자 보호기능이 여러 기구(FRB, FDIC, OCC, OTS, NUCA)에 분산되어 있다는 점, 둘째, 금융상품에 대한 충분한 정보 없이 투자에 나선 소비자와 투자자들의 민원이 급증했다는 점이다. 개혁이후 개선사항으로는 금융소비자보호국(Consumer Financial Protection Bureau: CFPB)을 신설하여 소비자보호와 관련 감독 역할을 전담하여 수행하게 하였다. 그리고 대출에 대한 비차별 조항을 준수하는지 여부도 감독하도록 하였고[1] 소비자와 투자자의 금융지식 함양을 추진하였다. 한편 모기지론 시장에 대한 규제 측면에서 보면 개혁이전에는 모기지론 취급 금융회사가 금융감독의 사각지대에 있었다는 문제점이 있었다. 서브프라임 모기지론 사태로 인해 모기지론 시장이 붕괴되었고 모기지론을 이용하여 주택을 구매한 많은 소비자들이 손해를 입었다. 이에 대한 개혁으로 금융소비자보호국(CFPB)은 10억 달러 이상의 자산을 가지는 금융기관들에 대한 감독 및 제재 권한을 가지게 되었다. 특히 차입자의 상환능력을 확인한 뒤 대출하며 선납부담금(pre-payment penalty)을 금지하고 신

1) 김성숙(2015), 이주민의 신용거래 평등성 : 미국 신용기회평등법(ECOA) 고찰을 중심으로, 다문화사회연구, 8, 183.

용포인트 및 수수료 체계를 규제하였다(성태윤 외, 2012).

미국 서브프라임 모기지론 사태 이후 모기지론과 관련된 미국 금융소비자보호정책을 도식하면 다음 <표 2-1>과 같다. 미국정부의 모기지론 관련 정책은 모기지론 선택 단계, 모기지론대출 상환 이행 단계, 모기지론 채무불이행 단계로 구분하여 볼 수 있고 그에 따른 다양한 가계채무 관련 쟁점을 아래와 같이 나누어 볼 수 있다. 본 연구의 범위는 다음 표에서 모기지론 상환 불이행 단계와 관련되며 특히 소비자파산의 전 모기지론 채무조정프로그램에 해당한다.

〈표 2-1〉 모기지론 관련 미국 금융소비자보호 법제

거래 단계	모기지론 선택 단계	모기지론 상환 단계	모기지론 채무불이행 단계
소비자문제 주요 쟁점	- 불법적 대출거래 규제 - 금융소비자가 부담 가능한 모기지론 선택	- 신용정보 관리 및 보호 - 불법적 채권 추심 규제	- 모기지론 채무조정 - 개인 파산
관련 법률/정책	도드-프랭크법 (Dodd-Frank Wall Street Reform and Consumer Protection Act) - ECOA(Equal Credit Opportunity Act) - Regulation Z: Truth in Lending(TILA) - Home Ownership and Equity Protection Act (HOEPA) rules[2)]	- Regulation V: Fair Credit Reporting - Regulation F: Fair Debt Collection Practices Act - Regulation P: Privacy of Consumer Financial Information	긴급경제안정화법(Emergency Economic Stability Act) - MHV • HAMP • HHF • HARP 등 - 파산 및 면책 • 파산신청 전 신용 상담 - Regulation X (12 CFR 1024)
관련 부처	Financial Consumer Protection Bureau	Financial Consumer Protection Bureau	Department of Treasury, Office of Financial Stability Department of Housing and Urban Development Financial Consumer Protection Bureau

2) https://www.consumerfinance.gov/compliance/compliance-resources/mortgage-resources/high-cost-mortgages/

미국정부는 금융위기 이후 두 가지 법을 제정하고 위기극복을 위해 노력하였다. 첫째는 2010년 7월 '도드－프랭크법'(Dodd－Frank Wall Street Reform and Consumer Protection Act)을 제정 및 실행하였고 금융소비자보호 문제를 총괄하는 정부기구로서 금융소비자보호국(Financial Consumer Protection Bureau, 이하 CFPB)을 신설하였다. CFPB는 소비자 민원조사, 시장조사, 연구, 소비자금융 관련 연방법률 시행을 위한 규정 제정, 감독, 검사, 제재, 금융교육 등의 기능을 수행한다. CFPB가 제정한 규정이 적용되는 금융산업에는 은행, 저축은행, 신협, 주택담보대출업체, 비예금금융회사 등이 포함된다.

CFPB는 Regulation(Z)(TILA) 개정을 통해 적격한 모기지론에 대한 기준을 마련하였다. 금융회사가 대출 취급 시 차입자의 직업, 자산, 현재 및 향후 소득, 주택담보대출을 포함한 부채월상환핵, 신용상태 등 관련 정보를 수집 문서화하여 평가하도록 명시하였다. 그리고 소득대비 부채비율(Debt to Income)은 43% 이하이어야 하고 취급수수료 등 대출비용이 대출금융의 3% 이하이어야 한다. 소득대비 부채비율에는 신규 및 기존 부채를 모두 포함하고 있다. 이런 적격한 모기지론은 은행이 부실 압류절차나 대출 취급 과정에서 대출담당자의 상환 능력 입증의 책임 등을 묻는 소송에서 보호받을 수 있다.

과도한 금리 및 수수료 관련 불공정 관행을 규율하는 대표적인 약탈적 대출에 대한 규제로 '주택소유 및 순가치 보호법'(Home Ownership and Equity Protection Act: HOEPA)이 제정되었다. 동법에서는 적용기준을 2만 달러 이상인 모기지론은 관련 수수료가 5%, 2만 달러 미만인 모기지론은 8%로 가이드라인을 정하였다. 금리수준의 경우 5만 달러 이상의 선순위 대출은 6.5%, 그 외 5만 달러 미만 혹은 차순위 대출의 경우 8%로 가이드라인 설정하였다. 조기상환수수료의 경우에도 대출시점으로 최초 3년 이내 만기 전 상환될 경우에만 조기상환수수료를 부과할 수 있으며 2%를 가이드라인으로 설정하였다.[3)]

두 번째는 미국 재무부 내 금융안정청(Office of Financial Stability, 이하 OFS)에서 '긴급경제안정화법'(Emergency Economic Stability Act)을 제정하고[4)] 집행하였다. 긴급경제안정화

---

3) 이규복(2014) 참조.

4) 「긴급경제안정법(Emergency Economic Stabilization Act, **EESA**)」을 골자로 하는 이 구제금융법안은 하원의원들에 의하여 부결되었고, 이후 재표결을 통하여 이례적으로 상원이 하원보다 먼저 수정안을 통과시키는 등 우여곡절 끝에 마침내 상·하 양원을 통과하게 되었다. 재표결이 이루어졌던 당시에도, 금융시장의 혼란과 신용경색으로 구제금융 조치가 시급하다는 주장과 월街를 구하

법은 총 규모 7,000억 달러(원화로 약 829조 5,000억원)에 해당하는 공적자금을 투입하여 현재 경영압박을 받고 있는 금융회사들의 부실 채권을 매입하는 것을 골자로 하는 구제금융법이다. 동법은 비우량주택담보대출, 서브프라임 모기지론과 관련하여 (투자)은행이 상환 받지 못할 가능성이 높은 채무인 '부실자산(Troubled Asset)'을 정부가 보증해 주거나 채무를 대신 상환해 주는 것을 주요내용으로 하고 있다. 또한 주택담보를 이용하여 대출을 하였으나 재력이 부족한 시민들에게 그 원금 및 이자를 감면해 주는 조치도 취할 수 있도록 규정하고 있다. 비용에 대해서는 정부가 추후 구상제도를 통하여 이를 회수한다는 내용을 골자로 하고 있다.

모기지론 채무조정프로그램은 '긴급경제안정화법'에 적용을 받으며 <표 2-1>의 도식에서 모기지론 채무불이행 단계의 소비자문제를 다룬다. 동법의 목적은 다음과 같다.

첫째, 연방정부가 부실자산을 구입하고 보증하기 위한 권한을 부여받기 위한 것이며, 이는 재정시장의 안정성을 제공하고 경제와 금융체계의 붕괴를 방지하고 납세자를 보호하는 데 목적을 둔다.

둘째, 에너지 생산과 보존에 대한 인센티브를 제공하기 위하여 1986년 Internal Revenue Code를 개정한다.

셋째, 소멸해 가는 공급을 확대한다.

넷째, 개인소득세를 완화해 준다.

기 위해 정부가 민간 금융 시장에 개입하는 것은 문제가 있다는 반대 입장이 여전히 팽팽하게 대립되었다. 그러나 이러한 의견대립의 해소로 인하여 동법안이 통과된 것이라기 보다는 동법안에 반대하는 의원들을 부시 대통령과 공화당 지도부, 펠로시 하원의장, 세일라 베어 연방예금공사(Federal Deposit Insurance Corporation, FDIC) 사장과 같은 이들이 적극적으로 설득한 노력이 있었기에 동법안의 통과가 가능했다고 해도 과언은 아닐 것이다. 특히 베어 연방예금공사 사장은 동법안이 하원에서 부결된 이후 예금보험의 상한선을 기존 10만 달러에서 25만 달러로 한시적 상향을 하겠다는 안을 의회에 제출했다. 예금보험의 한도를 높임으로써 대형 은행들의 잇단 부도를 막고 뱅크런(bank run), 즉 대규모 예금인출사태를 막아 유동성이 차단되기를 기대한 것이다. 이 수정안에 포함된 세금 감면과 예금보장한도의 확대 등의 조치를 비롯하여, "구제금융법안 통과는 미래로 나아가는 것"이라는 펠로시 의장의 주장과 함께 제기된 경제지표 악화 소식이 결국 동법안에 반대했던 의원들에게 일종의 압박요인으로 작용했던 것으로 보인다(해외법제연구, 미국, 2009.12, p.92).

미국 '긴급경제안정화법'의 주요 구성은 다음과 같다.[5)] 제1장은 부실자산 구제

---

5) TITLE I—TROUBLED ASSETS RELIEF PROGRAM
Sec. 101. Purchases of troubled assets.
Sec. 102. Insurance of troubled assets.
Sec. 103. Considerations.
Sec. 104. Financial Stability Oversight Board.
Sec. 105. Reports.
Sec. 106. Rights; management; sale of troubled assets; revenues and sale proceeds.
Sec. 107. Contracting procedures.
Sec. 108. Conflicts of interest.
Sec. 109. Foreclosure mitigation efforts.
Sec. 110. Assistance to homeowners.
Sec. 111. Executive compensation and corporate governance.
Sec. 112. Coordination with foreign authorities and central banks.
Sec. 113. Minimization of long-term costs and maximization of benefits for taxpayers.
Sec. 114. Market transparency.
Sec. 115. Graduated authorization to purchase.
Sec. 116. Oversight and audits.
Sec. 117. Study and report on margin authority.
Sec. 118. Funding.
Sec. 119. Judicial review and related matters.
Sec. 120. Termination of authority.
Sec. 121. Special Inspector General for the Troubled Asset Relief Program.
Sec. 122. Increase in statutory limit on the public debt.
Sec. 123. Credit reform.
Sec. 124. HOPE for Homeowners amendments.
Sec. 125. Congressional Oversight Panel.
Sec. 127. Cooperation with the FBI.
Sec. 128. Acceleration of effective date.
Sec. 129. Disclosures on exercise of loan authority.
Sec. 130. Technical corrections.
Sec. 131. Exchange Stabilization Fund reimbursement.
Sec. 132. Authority to suspend mark-to-market accounting.
Sec. 133. Study on mark-to-market accounting.
Sec. 134. Recoupment.
Sec. 135. Preservation of authority.
Sec. 136. Temporary increase in deposit and share insurance coverage.

TITLE II—BUDGET-RELATED PROVISIONS
Sec. 201. Information for congressional support agencies.
Sec. 202. Reports by the Office of Management and Budget and the Congressional Budget Office.
Sec. 203. Analysis in President's Budget.
Sec. 204. Emergency treatment.

제도(Troubled Assets Relief Program, 이하 'TARP')로 부실자산의 매입(purchase)과 보증(insurance), 그리고 기금(fund)에 대한 사항을 주된 내용으로 하고 있다(§§101－136).

제2장은 예산 관련 조항(Budget－Related Provision)으로 동법에 규정된 모든 조항들이 2008년 회계 연도 상원 예산결의안(S. Con. Res. 21, the Fiscal Year 2008 Senate Budget Resolution) 제204조 (a)항의 긴급입법(Emergency Legislation)에 따른 긴급한 요건과 필요성에 부합할 것과 동법에 의해 의결되거나 폐지된 내용은 2008년도 예산집행에 포함되지 않음을 내용으로 하고 있다(§§201－204).

마지막 제3장은 조세 조항(Tax Provision)에 관한 것으로 TARP에 참여하는 사업자들의 경영평가보상(executive compensation)을 삭감하지 않는다는 것을 주된 내용으로 하고 있다(§§301－303). 경영평가보상제도(executive compensation program)란 경영성과와는 무관하게 지급되는 고정급의 비율을 줄이고, 대신 경영성과에 따라 인센티브의 비율을 조정하는 성과보상제도(Pay－for－Performance)를 말한다.

가계채무 조정제도와 관련된 조항은 제1장이라고 할 수 있다. 동법에서는 재무부장관(Secretary of the Treasury)이 금융기관(financial institution)의 부실자산[6]을 매입하는 부실자산 구제 제도(TARP)를 계획할 수 있도록 권한을 부여하고 있는데, 이 제도에 의하여 재무부장관은 부실자산의 100%를 초과하지 않는 범위 내에서 해당 자산과 관련된 원금이나 이자를 보장하게 된다.

또 재무부장관은 동법에서 규정하고 있는 고유의 권한들을 이행하기 위하여 (ⅰ) 관련 행정청을 감독하고, (ⅱ) TARP 관련 계약에 참여하며, (ⅲ) 연방정부의 대리금융기관을 지정하고, (ⅳ) 납세자들에 대한 비용을 최소화하고 부실자산 관리에 유연성을

TITLE III—TAX PROVISIONS
Sec. 301. Gain or loss from sale or exchange of certain preferred stock.
Sec. 302. Special rules for tax treatment of executive compensation of employers participating in the troubled assets relief program.
Sec. 303. Extension of exclusion of income from discharge of qualified principal residence indebtedness.

6) 동법에서 '부실자산'이란 (ⅰ) 2008년 3월 14일 이전에 발생한 것으로 재정시장 안정 증진을 위하여 재정부장관이 매입하기로 한 주택저당권과 상업저당권(residential and commercial mortgage) 및 그러한 저당권에 기하거나 관련되어 발생한 담보(security), 채권(obligation), 그 밖의 증서(instrument), (ⅱ) 연방준비제도이사회의 장과 협의 후 재무부장관이 재정시장 안정의 증진을 위해 필요하다고 하여 매입을 결정한 그 밖의 금융기관을 의미한다. 단, 의회의 유관 위원회(appropriate committees)에 그러한 결정이 서면으로 전달된 경우에 한한다. EESA §3(9).

제공하기 위한 매체를 설치하고, (ⅴ) 관련 규정이나 지침을 설정하는 등의 행위를 할 수 있다(EESA §101(c)).

재무부(Treasury Department) 산하기관인 재정안정국(Office of Financial Stability)은 재무부장관과 함께 부실자산 구제 제도(TARP)를 실시하는 주체가 되며, 동 제도를 운영함에 있어서 재무부장관은 연방준비제도이사회(Board of Governors of the Federal Reserve System), 연방예금보험공사(FDIC), 통화감사원장(Comptroller of the Currency), 저축기관감독청장(Director of the Office of Thrift Supervision), 주택도시개발부장관(Secretary of Housing and Urban Development) 등에게 협의를 요청할 수 있다.

그리고 동법의 목적과 일치하는 부실자산 구제 제도(TARP)를 시행하는지를 심사하고, 재무부장관에게 적절한 권고를 하거나, 불법행위나 부정행위 등을 조사하기 위하여 '연방준비제도이사회'의 장, 연방주택재정청의 장, 증권거래위원회의 장으로 구성된 재정안정관리감독위원회(Financial Stability Oversight Board)를 두고 있다.

가계채무조정 프로그램과 직접적으로 관련된 조항은 109조의 압류완화를 위한 노력과 110조 주택소유자에 대한 지원이라고 할 수 있다. 우선 동법 제109조의 주요 내용을 보면[7] 다음과 같다.

---

7) **SEC. 109. FORECLOSURE MITIGATION EFFORTS.**

(a) RESIDENTIAL MORTGAGE LOAN SERVICING STANDARDS.—To the extent that the Secretary acquires mortgages, mortgage backed securities, and other assets secured by residential real estate, including multifamily housing, the Secretary shall implement a plan that seeks to maximize assistance for homeowners and use the authority of the Secretary to encourage the servicers of the underlying mortgages, considering net present value to the taxpayer, to take advantage of the HOPE for Homeowners Program under section 257 of the National Housing Act or other available programs to minimize foreclosures. In addition, the Secretary may use loan guarantees and credit enhancements to facilitate loan modifications to prevent avoidable foreclosures.

(b) COORDINATION.—The Secretary shall coordinate with the Corporation, the Board (with respect to any mortgage or mortgagebacked securities or pool of securities held, owned, or controlled by or on behalf of a Federal reserve bank, as provided in section 110(a)(1)(C)), the Federal Housing Finance Agency, the Secretary of Housing and Urban Development, and other Federal Government entities that hold troubled assets to attempt to identify opportunities for the acquisition of classes of troubled assets that will improve the ability of the Secretary to improve the loan modification and restructuring process and, where permissible, to permit bona fide tenants who are current on their rent to remain in their homes under the terms of the lease. In the case of a mortgage on a residential rental property, the plan required under this section shall include protecting Federal, State, and local rental subsidies and protections,

재무부에 의하여 매입된 자산에 포함되어 있는 모기지론(mortgage loan)에 대하여 재무부장관은 주택 소유자들에 대한 지원을 최대화할 수 있는 조치를 이행하고 공무원들 중 모기지론의 채무자의 지위에 있는 자들이 국가주택법(National Housing Act) 제257조에 따른 주택 소유자를 위한 HOPE(Housing Opportunities for People Everywhere, 이하 HOPE) 제도나 담보상실을 최소화할 수 있는 다른 가능한 제도를 이용할 수 있도록 장려해야 한다. 이 HOPE는 주택담보로 금전을 대출한 주택 소유자들이 지불을 연기하거나 담보의 비율을 낮출 수 있도록 하는 제도를 의미한다. 그러나 거주지로 이용하지 않는 별장이나 투자용 주택은 여기서 말하는 '주택'에 포함되지 않으며 이 프로그램의 적용대상은 2008년 이전에 주택을 소유한 자로서 매달 지불비용이 한 달 총 수입의 31%를 초과하는 사람이 해당된다.

재무부장관은 담보상실을 방지하기 위한 채무조정(loan modification)을 용이하게 할 수 있도록 채무보증(loan guarantee)과 신용개선(credit enhancement)을 활용할 수 있는 권한이 있다. 또 해당 모기지론에 이해관계가 있는 모든 기업의 동의 없이 모기지론 조건의 변경은 제공하지 않도록 하고 있다.

동법 110조는 주택소유자에 대한 지원내용이다.[8] 주택소유자에 대한 지원의 주요

---

and ensuring any modification takes into account the need for operating funds to maintain decent and safe conditions at the property.

(c) CONSENT TO REASONABLE LOAN MODIFICATION REQUESTS.—Upon any request arising under existing investment contracts, the Secretary shall consent, where appropriate, and considering net present value to the taxpayer, to reasonable requests for loss mitigation measures, including term extensions, rate reductions, principal write downs, increases in the proportion of loans within a trust or other structure allowed to be modified, or removal of other limitation on modifications.

8) **SEC. 110. ASSISTANCE TO HOMEOWNERS.**

(a) DEFINITIONS.—As used in this section—

(1) the term "Federal property manager" means—

(A) the Federal Housing Finance Agency, in its capacity as conservator of the Federal National Mortgage Association and the Federal Home Loan Mortgage Corporation;

(B) the Corporation, with respect to residential mortgage loans and mortgage-backed securities held by any bridge depository institution pursuant to section 11(n) of the Federal Deposit Insurance Act; and

(C) the Board, with respect to any mortgage or mortgage-backed securities or pool of securities held, owned, or controlled by or on behalf of a Federal reserve bank, other than mortgages or securities held, owned, or controlled in connection with open market operations under section 14 of the Federal Reserve Act (12 U.S.C. 353), or as collateral for

an advance or discount that is not in default;
(2) the term "consumer" has the same meaning as in section 103 of the Truth in Lending Act (15 U.S.C. 1602);
(3) the term "insured depository institution" has the same meaning as in section 3 of the Federal Deposit Insurance Act (12 U.S.C. 1813); and
(4) the term "servicer" has the same meaning as in section 6(i)(2) of the Real Estate Settlement Procedures Act of 1974(12 U.S.C. 2605(i)(2)).
(b) HOMEOWNER ASSISTANCE BY AGENCIES.—
(1) IN GENERAL.—To the extent that the Federal property manager holds, owns, or controls mortgages, mortgage backed securities, and other assets secured by residential real estate, including multifamily housing, the Federal property manager shall implement a plan that seeks to maximize assistance for homeowners and use its authority to encourage the servicers of the underlying mortgages, and considering net present value to the taxpayer, to take advantage of the HOPE for Homeowners Program under section 257 of the National Housing Act or other available programs to minimize foreclosures.
(2) MODIFICATIONS.—In the case of a residential mortgage loan, modifications made under paragraph (1) may include—
(A) reduction in interest rates;
(B) reduction of loan principal; and
(C) other similar modifications.
(3) TENANT PROTECTIONS.—In the case of mortgages on residential rental properties, modifications made under paragraph (1) shall ensure—
(A) the continuation of any existing Federal, State, and local rental subsidies and protections; and
(B) that modifications take into account the need for operating funds to maintain decent and safe conditions at the property.
(4) TIMING.—Each Federal property manager shall develop and begin implementation of the plan required by this subsection not later than 60 days after the date of enactment of this Act.
(5) REPORTS TO CONGRESS.—Each Federal property manager shall, 60 days after the date of enactment of this Act and every 30 days thereafter, report to Congress specific information on the number and types of loan modifications made and the number of actual foreclosures occurring during the reporting period in accordance with this section.
(6) CONSULTATION.—In developing the plan required by this subsection, the Federal property managers shall consult with one another and, to the extent possible, utilize consistent approaches to implement the requirements of this subsection.
(c) ACTIONS WITH RESPECT TO SERVICERS.—In any case in which a Federal property manager is not the owner of a residential mortgage loan, but holds an interest in obligations or pools of obligations secured by residential mortgage loans, the Federal property manager shall—
(1) encourage implementation by the loan servicers of loan modifications developed under subsection (b); and
(2) assist in facilitating any such modifications, to the extent possible.
(d) LIMITATION.—The requirements of this section shall not supersede any other duty or requirement imposed on the Federal property managers under otherwise applicable law.

내용은 연방자산공사(Federal property manager)가 주택소유자 대상 지원을 확충하고 대출자가 주택의 현재가치를 고려하여 평가하여 주택소유자가 HOPE 제도를 이용하도록 계획 수립하도록 하는 것이다. 보다 구체적인 내용은 다음과 같다.

첫째, 주거용 채무조정프로그램에는 1) 이자율 조정, 2) 대출원금 조정, 3) 기타 조정이 포함된다.

둘째, 임차자 보호를 위해 1) 연방, 주, 지방정부의 지원을 지속하고, 2) 채무조정프로그램은 주거용 자산에 대한 적절하고 안전한 욕구를 고려해야 한다.

셋째, 동법 제정 후 60일내 계획 수립해야 한다.

넷째, 채무조정 성과에 대해 법 제정 후 60일과 그 후 30일마다 의회에 보고하여야 한다.

다섯째, Federal property managers는 이에 대한 컨설팅을 해야 한다.

여섯째, 정부 소유의 주거용 자산을 제외한 자산의 대출업자가 이를 실행하도록 독려한다.

반면 이처럼 공적자금을 조성하여 금융기관의 손실을 구제해준다는 발상은 결국 자본주의 시장원리를 훼손시킴으로써 더 큰 악순환을 초래할 것이라는 비판과 함께 공적자금 비용이 결국 납세자들의 부담으로 전가되어 이는 "이익을 사유화하고 손실을 사회화하는 것이다"라는 비판을 면할 수 없다는 비판을 받았다. 구제금융정책은 확산되는 금융위기 여파를 축소시키기 위한 금리 인하와[9] 함께 추진하였다.

9) 미 연방준비제도이사회는 2008년 10월 30일 기준금리인 연방기금금리를 또다시 0.5% 인하하여 미국의 기준금리는 2004년 이후 처음으로 1%선으로 내려갔다(김준형, "美 금리 1%로 인하, 배경 및 효과는?", 머니투데이, 2008. 10. 30).

제 3 장

미국 모기지론 채무조정프로그램의 구조

- Making Home Affordable(MHA)을 중심으로 -

CHAPTER 03

미국 모기지론 채무조정 프로그램의 구조

- Making Home Affordable(MHA)을 중심으로 -

2009년 이후 주택가격 버블이 붕괴되면서 주택 가치는 거의 1/3이 하락하였고 페니메(Fannie Mae)와 프레디맥(Freddie Mac)같은 관련 공기업이 파산위기에 직면하였다. 미국정부의 서브프라임 모기지론 사태 후 위기극복을 위한 정책적 대응, 즉 경기활성화 지원, 금융시장 안정화, 유동성 지원 정책 가운데 가계채무조정프로그램은 금융시장 안정화 정책의 일환으로 시작되었다. 미국 재무부는 2008년 10월 부실자산 구제 제도(Troubled Asset Relief Program: TARP)에 의한 금융기관 지원과 건전성 회복을 추구하였다. 부실자산 구제 제도(TARP)란 모기지론 관련 자산 및 신용카드, 자동차 대출채권 등의 매입을 통해 약 7,000억 달러를 금융기관에 지원하는 프로그램이다[1]. 2009년 2월에 미국 정부는 금융시장 안정화 종합대책의 일환으로 마련된 금융안정화계획(Financial Stability Plan) 중 주택시장의 안정화를 위해 주택압류 억제를 위한 조치(Housing Support and Foreclosure Prevention)정책을 채택하였다. TARP 제도 가운데 주택(housing) 관련 정책으로 오바마 정부는 주택시장을 강화하고 주택소유자들이 압류를 피할 수 있도록 돕는

1) 실제로 동 프로그램이 종료된 2016년 10월 31일 기준 4,340억 달러가 투입되었다. https://www.treasury.gov/initiatives/financial-stability/about-tarp/Pages/Why-TARP-was-Necessary.aspx#expected

일련의 방안을 마련하였다. 즉 Making Home Affordable(MHA)와 Hardest Hit Fund(HHF)가 바로 그것이다.

오바마 정부의 정책 원칙은 첫째, 계약의 신성함을 보전하는 것을 원칙으로 하고 있다. 이에 정부는 투자자나 대출은행, 모기지론 중개기관 등을 강제하여 대출조건을 조정하도록 강제하지 않으며 모기지론 조건에 행해진 어떠한 변화도 주택소유주는 물론 투자자, 대출기관들의 이익을 최대로 반영하고 있다. 둘째, 도덕적 해이의 문제를 최소화해야 한다는 것으로 책임 있고 믿을만한 주택소유자들을 돕는 것을 원칙으로 하고 있다.

1. Making Home Affordable(MHA) 제도의 전개

오바마 정부의 초기 주택위기 대응 방식은 시간이 지남에 따라 지속적으로 수정 및 보완해 온 특징을 가지고 있다. MHA제도는 채무조정프로그램(HAMP)과 재융자프로그램(HARP)을 통한 압류 감축방안이 가장 핵심적인 내용이다. 초기에 채무조정프로그램(HAMP)은 모기지론 상환에서 연체상태 또는 거의 지급정지상태의 어려움에 처한 채무자들이 보유한 모기지론 채무를 조정하여 모기지론 상환금을 낮추는데 그 목적을 두고 있다. 반면 HARP는 자산 가치 하락으로 마이너스 순자산 상태가 된 가구 가운데 상환을 지속하고 있고 상환능력이 있는 Fannie Mae와 Freddie Mac 보증 또는 보유하고 있는 모기지론 채무를 재융자하여 보다 낮은 이자의 대출로 전환하는 것을 목표로 하고 있다.

2009년 8월 13일에는 Second Lien Modification Program을 발표하여 후순위채권자가 있을 경우에도 모기지론 조정이 가능하게 확대하였다. 2010년 2월 1일 Veterans Administration HAMP가 추진되었으며 압류 및 퇴거방지(HAFA)는 2010년 4월 5일에 발표되었다. 2010년 6월 23일 HHF(Hardest Hit Fund)가 조성되었으며 경제충격이 심한 5개 주를 시작으로 기금 중 15억 달러 사용을 허용하였고, 점차적으로 워싱턴 DC를 포함한 18개 주에 76억 달러를 강제 할당하였다. 2010년 7월 21일에는 Home affordable Unemployment Program 발표하여 실업상태에 있는 주택소유주들의 상환부담을 낮추는 방안을 제시하였다. 2010년 9월 7일 FHA Short Refinance Program을 발표하였는데, 이

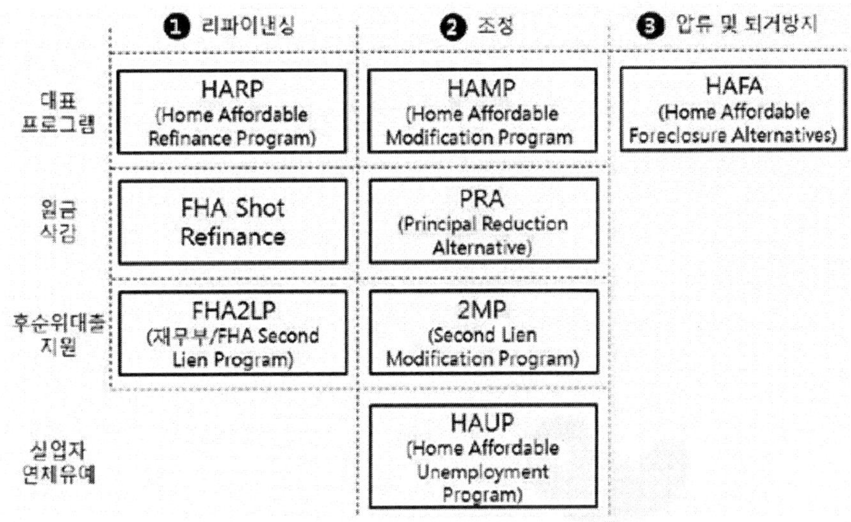

자료: 허윤경·이승우, 금융위기 이후 미국의 모기지론 지원 프로그램의 시사점, 2012, p.26.

[그림 3-1] 공공의 모기지론 지원 프로그램 종류

는 마이너스순자산 비FHA 모기지론을 플러스순자산 FHA보증 모기지론으로 전환하도록 하는 프로그램이다. 2010년 9월 24일에는 Agricultural Rural Development HAMP를 발표하였다.

미국의 모기지론 채무조정 프로그램은 목적에 따라 재융자(Refinance), 상환금 조정(Modification), 압류 및 퇴거 방지(Foreclosure alternative) 프로그램으로 구분할 수 있다.

1) 재융자 프로그램(대표 HARP: Home Affordable Refinance Program)

재융자 프로그램(리파이낸싱)은 HARP, FHA Short Refinance, FHA2LP로 구성된다. HARP는 Fannie Mae와 Freddie Mac 모기지론을 가진 주택소유자이면서 현재 상환중인 주택자산 가치가 하락하지 않은 대상자를 위한 프로그램이다. FHA short Refinance는 FHA, Fannie Mae, Freddie Mac, VA, USDA 모기지론을 갖지 않은 주택소유자이면서 현재 상환 중이고 주택가격이 하락하지 않은 대출을 대상으로 FHA재융자를 한다. FHA2LP는 FHA Short Refinance 대상자이면서 2차 모기지론(후순위대출)을 줄이거나 없애려는 주택소유자 대상프로그램이다.

재융자 프로그램의 핵심은 HARP이며, 이는 Fannie Mae와 Freddie Mac 소유 또는 보증 모기지론 채무에 자격요건이 되는 채무자의 모기지론에 대한 이자율 감소를 목적으로 하고 있다. 시행 초기에는 주택 감정평가에서 통해 평가된 주택가치의 105%까지 재융자를 받을 수 있었으나 비GSE(Government Sponsored Enterprise) 보증 대출 채무자들은 제외되어 참여율이 저조하였다. 이에 2012년 3월 HARP 2.0이 추진되면서 최대 30년 고정이자 모기지론의 경우 재융자 LTV가 폐지되었고 주택자산 재평가 요건이 제거되었으며 자가 거주 주택 제한도 완화되어 임대주택이나 다주택소유자도 재융자를 받을 수 있게 되었으며, 파산 또는 압류이후 신청제한기간도 폐지되었다. 그 결과 미미하였던 재융자 프로그램의 성과가 나타났다.

2) 채무조정프로그램(대표 HAMP: Home Affordable Modification Program)

정부주도의 모기지론 부담 해소 정책인 HAMP는 미국의 MHA(Make Home Affordable) 정책의 가장 중심에 있는 제도이다. HAMP는 1순위 모기지론을 대상으로 파산위험에 있는 주택보유자가 장기적으로 대출 상환이 가능하며 일상 생활 유지가 가능한 수준으로 모기지론의 월상환금을 감소시켜주는 제도이다.

HAMP는 현금흐름의 분석과 같이 표준화된 3단계의 조정 및 비용 공유를 실시하였다. 즉 (1) 이자율 조정(2%까지), (2) 만기 연장(2%로 낮추어도 DTI가 31% 이상이면 대출 기간을 40년까지 확장), (3) 원금 삭감(2단계까지 31%로 감소하지 않을 경우 대출은행은 원금의 일정부분에 대해 이자부과를 하지 않거나 원금 삭감)으로 진행하였다. 또한 공개적인 부도확률(NPV: Net Present Value) 모형2)을 사용하여 조정 및 비조정 시의 비용 측정(Holden et al. 2011)을 하고 있다.

HAMP는 DTI(월평균소득 대비 월부채상환액비율)비율 31% 수준을 주택 관련 채무 지불능력의 정책목표로 삼고 최초 월상환금 감축은 5년 동안 이루어지며 5년 후에도 상환금을 지속적으로 납부할 수 있는 경우 영구적인 채무조정이 가능하다.

더불어 광범위한 지원을 실시하고 있으며 교육과 상담, 그리고 원금삭감(PRA), 후순위대출 지원(2MP), 실업자 지원(HAUP), 숏세일(shortsale)의 비소구 적용 등 민간에서

---

2) NPV 계산시 주요 요소는 할인율, 비조정 대출에 대한 기대파산율, 조정전 채무의 기대파산율, 압류시점시 담보자산의 기대가치이다.

실행하기 어려운 프로그램을 실시하고 있다. 2014년 9월까지 140만 명의 주택보유자가 HAMP를 통해 영구적인 채무조정을 받았다(OFS, 2014). HAMP에 참가한 주택보유자는 모기지론 상환금 가운데 거의 42% 정도(월 540달러 해당)의 감소를 받았다.

3) 압류 및 퇴거방지(대표 HAFA: Home Affordable Foreclosure Program)

HAFA는 주택가격의 현재가치가 대출금액 이하로 마이너스 순자산가치를 갖는 경우 급매(short sale), 자발적 소유권 양도(Deed in lieu: DIL) 등의 조치를 지원한다. 주택급매처분을 HAFA를 통해 추진한다면 모기지론 잔고 보다 낮은 주택처분 가격과의 차이에 대한 배상 책임은 유예되고 즉시 보장된다. 소유권 양도의 경우 주택자가 자발적으로 주택의 권리를 넘길 때 소유권이 모기지론 회사로 넘어가는 것을 의미한다. HAFA를 통해 급매와 자발적 소유권 양도에 참여하기 위해서는 HAMP대출 조정을 하고 있던지 또는 Fannie Mae 또는 Freddie Mac에 의해 보증되는 주택을 갖고 있어야 한다. 조건으로는 재정적 어려움에 놓여있어야 하고 지난 12개월 동안 추가적인 집을 구매하지 않았어야 하며, 대출 잔고가 최초 모기지론 대출 시 729.750달러 보다 작아야 하고 2009년 1월 1일 이전에 시작된 것이어야 한다. HAFA에 의한 급매의 경우에는 재정착 주거비용을 지원하기 위해 3,000달러가 지원된다.

2. HAMP 성과에 대한 논의

가계채무조정프로그램에 대한 해석과 평가에 관한 연구들은 미국의 서브프라임 사태와 글로벌 금융위기 이후 증가하였다. IMF(2012)는 미국 등 주요 국가의 가계부채 문제와 가계채무조정사례를 정리하였다. 오바마 정부의 정책 원칙은 첫째, 계약의 신성함을 보전하는 것으로, 정부는 투자자나 대출은행, 모기지론 중개기관 등을 강제하여 대출 조건을 조정하도록 강제하지 않으며 모기지론 조건에 행해진 어떠한 변화도 주택소유주는 물론 투자자, 대출기관들의 이익을 최대로 반영해야 한다는 것이다. 둘째, 도덕적 해이의 문제를 최소화해야 한다는 것으로 책임 있고 믿을만한 주택소유자들을 돕는 것을 원칙으로 하고 있다.

오바마 정부의 초기 주택담보대출 부실위기 대응 방식은 많은 시간에 걸쳐 지속적

〈표 3-1〉 HAMP의 성과

		2009	2010	2011	2012	2013	2014	2015	2016	2017	계
Trial Modifications	All Trials Started		1,466,448	1,774,595	1,975,649	2,151,713	2,279,407	2,343,069			
	Trial Modifications Canceled (Cumulative)		734,509	761,961	63,453	78,431	91,108	96,529			
	Active Trials		152,289	79,307	66,317	57,996	40,486	35,640			
	Tier1				1,970,300	2,096,957	2,169,866	2,199,627			
	Tier2				5,349	54,756	109,541	143,442			
Permanent Modifications	All Permanent Modifications Started		579,650	933,327	1,136,482	1,311,558	1,448,456	1,513,295			
	Permanent Modifications Canceled(Cumulative)		58,020	170,488	285,347		439,323	471,429			
	Active permanent Modifications		521,630	762,839	851,135	926,792	968,202	985,061			
	All Permanent Modifications Started										
	Tier1	63,353	532,484	339,311	195,894	147,263	86,484	58,370	37,191	53,305	1,473,440
	Tier2				1,356	37,327	48,916	58,640	53,305	20,225	219,769
	Permanent Modifications Disqualified(Cumulative)					360,882					
FHA-HAMP	FHA-HAMP Trial Modifications Started		1,871								
	FHA-HAMP Permanent Modifications Started		643								

자료: Making Home Affordable(2010,2011,2012,2013,2014,2015), Program performance Report https://www.treasury.gov/initiatives/financial-stability/reports/Documents/HAMP_Modification_Performance_Summary_Dec2020_v1.0.pdf

으로 수정 및 보완하여 왔다. MHA는 채무조정(HAMP)과 재융자(HARP)를 통한 압류 감축방안이 가장 핵심적인 내용이다. 초기에 HAMP는 모기지론 상환에서 연체 상태 또는 거의 지급정지 상태에 있는 어려움에 처한 채무자들에 의해 보유된 모기지론 채무를 조정하여 모기지론 상환금을 낮추는 것에 목적을 두고 있었다. 반면 HARP는 자산 가치 하락으로 마이너스 순자산 상태가 된 가구가운데 상환을 지속하고 있고 상환능력이 있는 Fannie Mae와 Freddie Mac 보증 또는 소유 모기지론 채무자에게 재융자 하여 보다 낮은 이자부담이 되는 대출로 전환하는 것을 목표로 하였다.

MHA의 전개과정은 다음과 같다. 2009년 8월 13일에 Second Lien Modification Program을 발표하여 후순위채권자가 있을 경우에도 모기지론 조정이 가능하게 확대하였다. 2010년 2월 1일 Veterans Administration HAMP가 추진되었으며 압류 및 퇴거방지(HAFA)는 2010년 4월 5일에 발표되었다. 2010년 6월 23일 HHF가 조성되었으며 경제충격이 심한 5개주를 시작으로 기금 중 15억 달러 사용을 허용하였고, 점차적으로 18개주와 워싱턴 DC를 포함하여 76억 달러를 강제 할당하였다. 2010년 7월 21일에는 Home affordable Unemployment Program 발표하여 실업상태에 있는 주택소유자들을 위한 상환부담을 낮추는 방안을 제시하였다. 2010년 9월 7일 FHA Short Refinance Program을 발표하였는데 이것은 마이너스순자산 비FHA 모기지론을 플러스순자산 FHA보증 모기지론으로 전환하도록 하는 프로그램이다. 2010년 9월 24일 Agricultural Rural Development HAMP를 발표하였다.

2008년부터 2011년 기간 동안 오바마 정부의 모기지론 채무조정프로그램의 성과는 부정적인 것으로 평가되었다. 이 3년 기간 동안 4백만 주택이 압류되었다. 하지만 2009년과 2010년만 볼 때 미국 통화감사원과 연방준비제도이사회는 "Independent Foreclosure Review Process"에서 그 당시 주택압류의 1/3이 잘못된 것이라고 평가하였다. 핵심프로그램인 HAMP를 통한 구제 채무자수는 당초 3백만을 목표로 하였으나 결과적으로 구제된 인원은 90만 명에 불과하였다. 모기지론 채무조정프로그램이 제대로 이행되지 못한 원인으로 지금까지 추진된 방안들이 투자자, 대출은행이나 모기지론 중개사들이 자발적으로 정부의 채무조정 및 재융자 사업에 참여를 전제로 하고 있는 반면 이에 대한 인센티브가 작아 자발적인 참여가 이루어지지 않았기 때문으로 보고 있다(이재민·유경원, 2014;51).

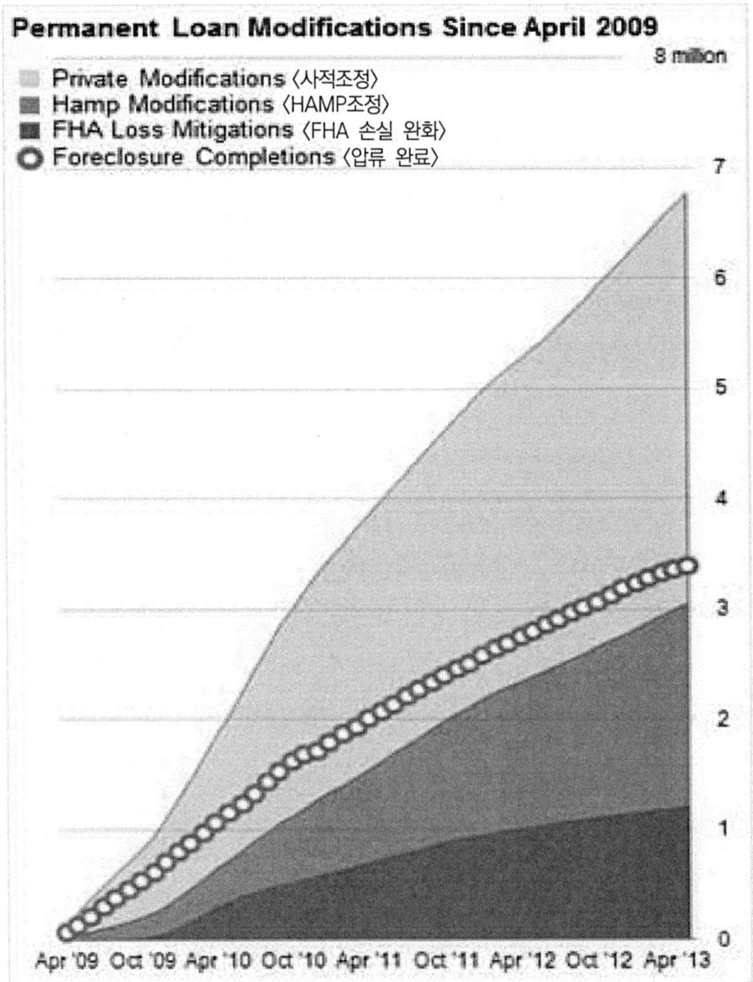

자료: https://www.treasury.gov/initiatives/financial－stability/TARP－Programs/housing/mha/Pages/default.aspx

[그림 3-2] 항구적인 채무조정 건수(2009년 4월 이후, 2011년 4월까지 기준)

제 4 장

미국 모기지론 채무조정 상담기관 사례 연구

CHAPTER 04

미국 모기지론 채무조정 상담기관 사례 연구

1. 미국 모기지론 채무조정제도의 상담기관[1]: 전국 압류 완화 상담 프로그램(National foreclosure Mitigation Counseling program)을 중심으로

미국 재무부와 주거도시개발부(HUD)는 가계채무조정프로그램을 단기간 내 전폭적으로 추진하여 효과를 얻기 위해 NFMC(the national Foreclosure Mitigation Counseling) 프로그램을 통해 가계채무조정프로그램에 대한 접근성과 용이성을 증진하려고 하였다. NFMC 프로그램은 2007년 12월부터 2015년 7월말까지 8년간 의회로부터 총 853,185,000의 지원을 받아서 전국의 압류 상담 역량을 강화하였다.

이 프로그램의 주관기관은 'NeighborWorks America'[2]로 Neighborhood Reinvestment Corporation Act 제42조(U.S.C. 8101~8107)에 의해 위탁받았다. 구체적으로 Housing Counseling Intermediaries, State Housing Finance Agencies, NeighborWorks 회원단체들, 그리고 공적 법률지원 단체들이 어려움에 처한 주택보유자들에게 압류에 대한 상담을 지원하였

---

1) NeighborWorks America(2016), National Foreclosure Mitigation Counseling Program, Congress Update. 자료를 발췌한 내용임.

2) https://neighborworks.org

다. NeighborWorks는 이들 단체들에서 활동하는 압류 상담자들을 위한 훈련과 그와 관련된 업무를 담당하였다. 2008년 금융위기상황에서는 미 전역의 모든 주들과 District of Columbia, 푸에토리코에 있는 단체들이 모기지론 채무조정 상담을 담당하였다.

NFMC의 성과를 보면, 첫째, NFMC 프로그램을 통해 지원을 받은 주택보유자는 50개주에 걸쳐 1,960,781명이었으며, 둘째, 14,477개의 장학금을 주택 상담자들을 위한 학급훈련에 지원하였고 10,962개의 인증이 NFMC에 의해 개발된 온라인 학습과정을 통해 부여되었다. 그 외 주택상담단체 강화와 역량 개발, 압류 상담 과정 개선, 모기지론 중개자, 투자자, 대출은행 등과의 소통프로그램 개선에 기여하였다. NFMC 프로그램 수혜자는 캘리포니아 주와 플로리다 주의 주택보유자가 많았으며, 67%가 저소득층이었으며, 35%는 인종적으로는 소수자로 나타났다.

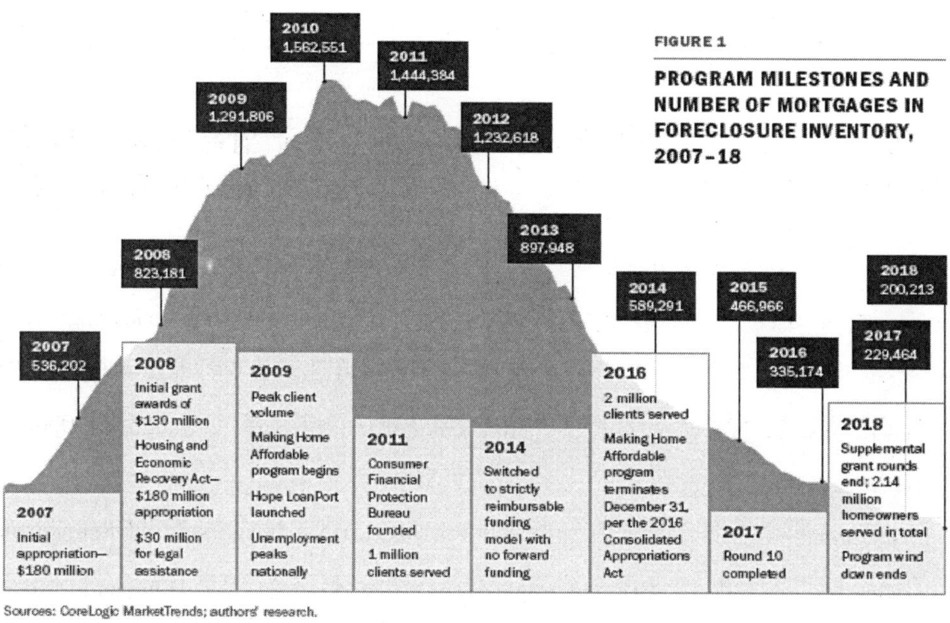

자료: NeighborWorks America(2018)

[그림 4-1] 2007~2018년간 모기지론 압류 현황 및 NeighborWoks America 연간 상담 건수(2018년은 6월 기준)

본 프로그램에 참여한 상담사들은 성공적인 상담의 원인으로 효율적인 상담 과정(41.8%)의 형성과 효과적인 상담방법(32.7%), 대출제공자들과의 커뮤니케이션(16.0%), 그리고 도움이 필요한 주택보유자를 발굴하는 것(9.5%)이 중요하다고 보고하였다. 한편, 향후 개선될 과제는 대출서비스제공자들과의 효율적이고 적절한 커뮤니케이션(37.8%), 주택보유자의 자원과 상호작용(36.1%), 활용가능한 모기지론 솔루션(15.8%), 상담프로그램 관리(11.3%)로 나타났다.

그리고 모기지론 채무자들은 상담을 통해 압류 문제를 해결하지 못할 경우 Housing and Economic Recovery Act(P.L.110－289)에 의해 법적 지원 단체의 도움을 받을 수 있다. NFMC 프로그램을 통해 2008년 12월부터 54개의 법적 지원 단체(HUD 승인 주택상담 중개기관 6개, 주정부 주택금융위원회 23개, 네이버웍스 단체 25개)가 25.5백만 달러의 지원을 받아 2015년 7월말 4,473명에게 법적 지원 서비스를 제공하였다.

네이버웍스는 '위기에 대한 대응: 전국압류완화상담프로그램(NFMC Program), 2008~2018' 이라는 보고서에서 그동안의 NFMC 프로그램에 대한 제3자(the Urban Institute)에 평가를 제시하였다. 이에 따르면[3] 의회가 2008년 금융위기부터 10년간 압류 위기에 처한 주택소유자를 지원하는데 8억5천3백만 달러를 책정하였다.

NFMC 지원을 통해 204개의 수혜기관과 1,700개의 수혜기관지부들이 NFMC프로그램으로 50개 주와 District of Columbia와 푸에토리코에서 2,143,022명의 주택소유자를 지원하였다. 상담지원에 의한 수혜자 88.7%는 대도시나 농촌지역의 최상의 긴급 지역 출신들이었으며 이들 중 61.8%는 특별 긴급 지역 거주자이다. NeighborWoks America는 NFMC 프로그램을 위해 12개의 상담 훈련 과정을 마련하였다. 주택 상담가들과 기타 비영리 단체를 대상으로 하는 훈련 수업을 위해 16,373개의 장학금을 제공하였고 11,889명은 온라인 훈련 과정을 통해 인증을 완수하였다.

NFMC 프로그램의 설계는 금융위기로부터 비롯되었지만 주택보유자들의 압류를 방지하거나 불가능할 경우 가능한 대안을 찾는 것을 목표로 하고 있다. 의회는 가능한 빨리 광범위한 상담프로그램을 운영할 필요가 있었기 때문에 1억8천만달러의 초기 기금 가운데 5천만 달러를 60일 내에 수혜기관에 제공해야 했다.

---

3) NeighborWorks America(2018), Responding to a Crisis, The National Foreclosure Mitigation Counseling Program, 2008~2018.

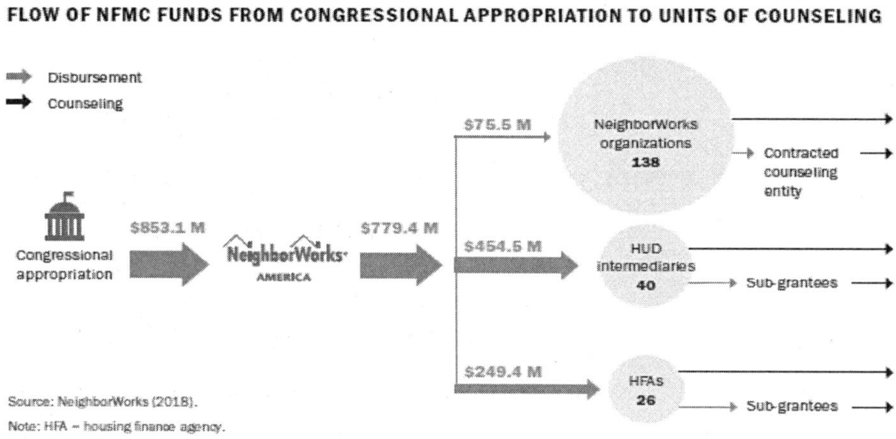

자료: NeighborWorks America(2018)

[그림 4-2] NFMC와 일선 상담기관까지의 지원자금 흐름

NeighborWorks의 수혜기관 선정과정은 엄격하고 투명했으며 수혜기관들은 주정부 주택금융기관, 미국 주택도시개발부(US HUD)의 승인을 받은 상담중개인, NeighborWorks 회원단체들이었다(그림 참조). 미국 의회로부터 부여받은 지원금은 네이버웍스를 통해 지부와 계약된 상담기관에 제공되거나 주택도시개발부의 지부들 그리고 주택금융 대리점의 지부에 제공되었다.

NeighborWorks는 엄격한 모니터링과 법률 준수 프로그램을 마련하여 고객 데이터, 수혜기관 성과와 피드백을 축적하였고 이를 데이터보고시스템으로 구축할 수 있게 하였다. 이들 수혜기관들은 직접 상담 서비스를 제공하기도 하고 실업이나 임금저하와 같은 문제해결을 하기도 하였다. NFMC 프로그램은 직접 서비스 제공자의 능력을 증진시켰으며 수혜기관들은 더 많은 상담사를 고용하고 새로운 상담과 접근 기술을 적용하였으며 리포트 의무를 통해 상담의 구조, 사정청취 프로세스의 정형화, 필요 서류 작성에 혁신을 가져오게 하였다. 수혜기관과 그 지부들은 NFMC 프로그램 표준, 포괄적인 훈련, 재정적 자원으로 고객을 지원하는 시스템과 프로세스를 개선하였다.

자료: https://neighborworks.org/Documents/HomeandFinance_Docs/Foreclosure_Docs/NFMC_Docs/Urban−Instit/NFMC_CapstoneReport−2018.aspx

[그림 4-3] NFMC 성과

다음의 그림을 보면 NFMC를 통해 압류 상담 또는 주택 상담을 받은 상담 고객들의 특성을 알 수 있다. 금융위기 초기 2년간에는 주택가격이 가파르게 감소하는 시기로 2017년 기준 4만2천불의 평균 연소득수준을 가진 주택소유자가 지원을 받았다. 그 후 주택가격이 회복되기 시작한 3년~5년차(2011~2013)에는 3만9천 달러 수준의 연평균소득자들이, 그리고 주택가격이 상승시기인 6~10년차에는 3만5천 달러 수준의 연평균소득자들이 상담을 받았다. 상담 고객들의 연체기간을 보면 90일 이상인 경우도 33%→47%→48%로 나타났다. 3기의 상담내용을 보면 대체로 채무조정을 위한 첫 단계로 평가 단계가 압도적으로 많았고 그 다음은 실행 계획 수립이었다.

NFMC CLIENT AND LOAN CHARACTERISTICS AT PROGRAM INTAKE, AND COUNSELING CHARACTERISTICS, BY HOUSING MARKET PHASE

	Rounds 1–2 (sharp price declines)	Rounds 3–5 (home price gradual recovery)	Rounds 6–10 (home price growth)
Client characteristics			
Average age	46	49	51
Female (%)	52	49	55
Median income (2017 dollars)	42,894	39,883	35,180
Race and ethnicity (%)			
White	43	47	44
Black	26	23	29
Hispanic	20	19	17
Asian	3	3	3
Others	8	7	7
Loan characteristics			
Average credit score	540	536	532
Average annual PITI (2017 dollars)	18,392	14,725	9,795
Adjustable rate mortgage (%)	29	18	10
Loan status (%)			
Current	33	26	32
30–60 Days late	20	15	11
61–90 Days late	15	12	10
91–120 Days late	10	10	9
121+ Days late	23	37	39
Counseling characteristics			
Counseling level (%)			
1 Intake and assessment	58	58	60
2 Action plan implemented	17	40	39
3 Comprehensive	24	-	-
4a Post-modification	0.2	1	0.4
4b Post-modification follow-up	0.1	0.4	0.2
Counseling mode (%)			
Face-to-face	45	50	44
Internet	2	8	5
Other	5	5	1
Phone	48	37	50
Video conference	0.01	0	0.01

Source: Urban Institute analysis of client data provided by NeighborWorks.

Notes: Statistics reported are for client households. PITI = mortgage principal, interest, property taxes, and insurance.

자료: NeighborWorks America(2018)

[그림 4-4] NFMC 상담고객의 특성과 상담내용

2. 미국 가계채무조정 상담기관 사례 연구

미국 가계채무조정 상담기관의 구체적인 사례를 살펴보기 위하여 미국 캘리포니아 주 오클랜드에서 주택 관련 상담을 하는 비영리단체인 HERA(housing and economic right advocates)의 대표인 Maeve Elise Brown 변호사와의 심층 인터뷰를 진행하였다. Brown 변호사는 미국 버클리대학교(University of California, Berkeley) 법전문대학원에서 빈곤문제를 강의하였으며 위 단체의 대표를 맡고 있었다. 본 저자는 2015년 Brown 변호사와 만나 인터뷰 기회를 얻을 수 있었다. 인터뷰를 하기 전 2016년 8월에 사전 미팅을 통해 본 연구의 목적과 연구문제와 관련하여 논의를 하였으며 인터뷰를 위한 질문지를 교환하였다. 인터뷰의 질문지는 사전에 연구자가 준비한 것이었으며 이에 대하여 9월에 HERA 단체의 활동과 관련하여 질문에 대한 상세한 보고서를 전달받았다. HERA는 주택 관련 상담 전문기관이며 HAMP와 같은 주로 저소득층의 모기지론 채무조정과정을 지원하면서 더불어 법률소송을 지원하는 단체이다. 다음은 Brown 변호사가 작성한 보고서를 기초로 하여 구성하였다. 인터뷰 질문지의 내용은 다음과 같다.

Questions
1. Output of your work related with HAMP program A. How many cases do you receive related with Mortgage modification program like HAMP? B. How many cases have been successful enough to win the support from government?
2. Process of work related with HAMP A. Please explain the process the consumers who want to refinance or modify their mortgages can get the support of government? B. What is your organization role in the entire process? C. What is required qualifications for counselor to participate in Mortgage Modification Program? i.e. law knowledge or experience, only lawyer? D. Do you have guidelines or manuals for working on HAMP?

3. Evaluation of HAMP A. How do you evaluate the HAMP or other Mortgage modification programs itself? B. What are difficulties on process or operation of HAMP in your work? C. Do you feel the limit of HAMP program? D. What have HAMP contributed to? E. Is it helpful for people who have mortgage problem, Or for loan companies, Or for government?
4. Are you satisfied with your work with HAMP? If so, what aspects satisfied you?

HERA는 비영리 법률사무소로 캘리포니아의 중산층 이하 거주자를 금융적 남용행위(financial abuses)로부터 보호하는 목적을 가지고 있다. 특히 취약계층 거주자가 재무적으로 안전한 미래를 가지고 차별받지 않도록 하는 것이다. 이 단체는 소비자 워크샵, 코치, 법률적 자문, 소송, 소비자옹호활동, 정책개발과 옹호활동에 전문인으로서 참여하고 있다. 2005년 설립된 이후 16,000명 이상에게 다양한 범위의 소비자 이슈에 대하여 법률적 자문을 제공하였다. 4,200명 정도의 거주자의 주택소유문제를 심층적으로 다루었으며 만 명의 거주자의 소유권 문제에 대한 자문을 하였다.

1) 모기지론 채무조정프로그램(HAMP)의 성과 평가

HERA의 Brown 대표는 HAMP 이전에도 다양한 모기지론 관련 채무조정프로그램(가령, Keep Your Home California(KYHC))이 주단위에서 존재하였으나 제대로 된 기능을 하지 못하였다고 주장하였다. HAMP의 기능에 대한 질문에서 HAMP는 주정부나 연방정부에 의해 직접적으로 운영된 것이 아니기 때문에 주택소유자가 HAMP에서 도움이 필요한 것은 정부의 지원이 아니라고 지적하였다. 오히려 소유권 문제를 겪는 주택소유자들은 HAMP 규칙을 준수하는 대출회사가 적절하게 그리고 선의로 평가과정을 수행하기를 요구하였다. 이는 HAMP 프로그램 초기에는 나타나지 않았지만 현재는 문제로 남아있다.

HAMP 초기 3년간 HERA가 조정 협상했을 때 65%의 성공률을 나타냈는데 그 협상과정은 매우 느리고 거칠었다. 2012년부터 2016년까지 협상 성공률은 85%로 상승하였다. 하지만 HERA에 문의한 주택소유자의 절반가량은 조정대상 요건에 충족하지 못했다. 성공률은 조정 대상 요건을 충족한 사람들만을 대상으로 한다.

초기 3년간 HAMP 조정을 제공한 대출회사의 비율은 매우 낮았다. 따라서 최종적으로 조정협약이 이루어진 경우는 채무조정신청자의 20% 정도에 불과하였다. 추가로 채무조정 신청자 역시 실제로 조정이 필요한 주택소유자수보다 훨씬 적었고 이는 미국 재무부가 HAMP를 통해 도움을 주려는 대상자수보다 훨씬 적었다.

Brown 대표는 HAMP 협상과정에서 모기지론 대출회사(mortgage servicer)의 수동적인 태도에 비판을 하였다. 즉 모기지론 대출회사는 채무조정협상과정에서 자료의 누락 또는 착오 때문에 또는 의도적으로 협상과정을 끝내지 않는 경향이 있었다. 다분히 채무조정과정에 시간을 낭비하고 싶어 하지 않는 듯 하다고 기술하고 있다. 또한 그 당시 수백만명의 주택소유자들이 압류에 직면하고 있었고 마땅히 어떤 형식이든 압류방지 지원을 받아야 했지만 모기지론 대출회사들의 남용(abuses)은 그치지 않았고 개인이나 지역사회에 대한 피해는 깊고 지속되었다고 평가하였다.

또한 Brown 대표는 KYHC(Keep Your Home California)이든 HAMP이든 모기지론 대출산업의 지속적인 역기능이 있음을 지적하며, 많은 모기지론 대출회사가 채무조정프로그램(the hardest hit program)이 제공하는 지원금을 원하지 않다는 점을 문제점으로 설명하였다. 모기지론 대출회사의 이러한 태도는 모기지론 투자자들과의 계약에 따른 부당한 인센티브 구조 때문일 것으로 주장하였다.

또 HAMP나 KYHC가 초기 3년간 성과를 내기 어려웠던 이유는 채무조정프로그램의 참여 자발성에 있다고 지적하였다. HAMP에 의무적으로 참여해야 했던 모기지론 대출회사는 단지 부실자산 구제 제도(TARP)하에 연방기금의 수혜자에 국한되었으며 그 외 대출회사는 자발적으로 참여하였다.

이에 대하여 소비자옹호단체들, 그리고 주택소유자들의 압력에 의해 미국 내 다수의 주정부 검사들의 연합체가 미국 법무부와 함께 HAMP 추진 과정에서 주택소유자를 불공정하게 취급하는 것에 대하여 법률적으로 접근하게 되었다.

2) 모기지론 채무조정프로그램(HAMP)의 추진 과정에서의 소비자문제

소비자가 HAMP의 도움을 받을 경우 직접적으로 정부의 행정기관과 관여하지 않는다. 오히려 주택소유자인 소비자들은 대출모집회사(the collection companies)와 대응을 한다. HAMP원칙은 사적으로 보증된 모기지론을 다룬다는 것이다. 따라서 HAMP 내에서는 채무조정이나 다른 채무완화옵션을 위해서는 소비자가 모기지론 대출회사와 상대해야 한다. 따라서 소비자들은 정부프로그램 규칙을 수행할 수 있는 비정부 중개인과 상대할 수밖에 없다.

(1) HAMP 이용 프로세스

1단계: 신청서 작성하기

모기지론 대출회사들은 압류를 피하기 위해 취할 수 있는 옵션들을 설명할 것이고 대체로 필요한 서류와 신청서를 요청한다. 신청서는 심층적인 가계소득, 부채정보를 요구하며 소비자는 심층적인 서류를 대출회사에게 제출해야 한다. 대출회사는 채무 완화 신청을 심사하는 중에도 매월 업데이트 관련 정보를 요청할 수 있다.

2단계: 채무완화 옵션 결정 및 이의신청

대출회사는 채무완화 신청에 대한 의사결정을 합리적인 기간 내에 제공할 것이다. 소비자는 의사결정을 한 동일한 대출회사에게 이의신청을 할 수 있다. 처음 신청부터 채무조정 제공까지 평균 6개월이 소요된다. 채무조정은 통상 “trial payment period”를 의미한다. 이는 대출회사가 최종적인 채무조정 계약에 서명하기 전에 소비자가 3~4개월간 조정된 채무상환을 실행하는 기간을 의미한다.

채무조정에는 신용평가가 필요하지 않으며 채무조정은 모기지론 채권의 투자자가 개입된 모기지론 대출회사/모집회사에 의해서만 실행되어진다. 주택소유자는 대출회사를 선택할 수 있거나 변경할 수 없다. 이러한 점이 대환(재융자, refinance of mortgage)과의 차이점이다.

(2) 소비자단체인 HERA의 채무조정과정에서의 역할

소비자단체가 주택소유자와 대출회사간 채무조정과정에서 하는 역할을 알아보기 위해 HERA가 소비자에게 무엇을 제공하고 있는 지를 질문하였다. HERA의 역할은 첫째, HAMP 또는 그 외 관련 채무조정프로그램에서 부채 완화 옵션 선택을 도와주고 둘째, 채무조정 신청을 도우며 셋째, 모기지론 대출회사와 협상을 도우며 넷째, 필요한 경우 법적 소송이나 대안적 법적 지원을 제공하는 것이다. 그 외 워크샵 등을 통한 부채 완화옵션에 대한 소비자교육을 실시한다.

채무조정 상담자로서 갖추어야 할 자격은 무엇인가에 대한 질문에서 미국 정부인 HUD(주책도시개발부)는 주택 관련 상담자의 자격인증을 개발하고 주택소유자를 대상으로 하는 상담에 자금을 지원하였다. 주택소유자를 도울 때 반드시 주택 관련 상담인증을 받을 의무는 없으며 대부분의 주택상담사들은 법률가가 아니다. 그러나 주택소유자를 돕기 위한 자금을 HUD로부터 받기 위해서는 상담사는 일련의 훈련 과정을 받아야만 한다.

주택 상담사의 자질과 훈련 문제는 국가적 관심을 받아왔으며 HUD도 훈련지원을 금융위기 발생 이후로 지속적으로 제공하여 왔다. 금융위기 이전에는 몇몇 기관들이 이러한 훈련에 관심을 가지고 제공하여 왔으며 HERA도 그 중 하나이다.

3) HAMP의 의의

HAMP 프로그램의 초기 성과에 대한 부정적인 평가에도 불구하고 이 제도가 미국 전체의 주택시장 및 개인의 주택 소유에 대한 영향을 미쳤다. HAMP의 주된 의의에 대한 질문을 통해 향후 미국 채무조정프로그램에서의 개선방안을 찾아보고자 하였다. 이 인터뷰 결과 HAMP의 주된 의의는 주정부 또는 개별적인 채무조정프로그램이 아닌 연방차원의 채무조정제도가 마련되었다는 점이다. HAMP가 제시한 규칙들은 주정부의 채무조정제도에 영향을 미치게 되었다. 향후 공적으로 보증된 모기지론, 즉 Federal National Mortgage Association (Fannie Mae), the Federal Home Loan Mortgage Corporation (Freddie Mac), the Veterans Administration, the Federal Housing Administration and the Rural Housing Services Program에 의한 모기지론의 채무조정제도에 적용할 가능성이 있다.

HAMP프로그램을 통하여 제한된 수의 모기지론 문제가 있는 사람들이 혜택을 받았으며 정부와 지역사회에도 도움이 되었다. 정부는 재산세 등의 수입을 계속 얻을 수 있었고 지역사회는 빈 집 등의 문제를 해소할 수 있었다. 마지막으로 투자자들이 HAMP 실행으로부터 이익을 얻었다. 투자자의 입장에서 압류는 막대한 투자손실을 감수해야 하지만 주택소유자가 채무조정을 받을 지라도 계속 집을 소유하면서 채무상환을 한 경우 투자손실은 감소하였다.

제 5 장

미국 모기지론 채무조정 관련 소비자 불만 사례

- 미국 캘리포니아 비영리단체 HERA(housing and economic right advocates) -

CHAPTER 05

미국 모기지론 채무조정 관련 소비자 불만 사례

- 미국 캘리포니아 비영리단체 HERA (housing and economic right advocates) -

1. 소비자상담사례 분석에 관한 선행연구와 분석방법

피해구제 사례 연구들은 대부분 한국소비자원의 소비자분쟁조정위원회의 결정사례에 대한 내용분석을 통해 일반적인 소비자 피해구제를 살핀 연구들로 금융소비자 피해구제 사례를 분석한 연구를 찾아보기 어려운 상황에서는 동 연구들을 참고할 필요가 있다. 김인숙(2007)은 품목, 사례제목, 피청구인수, 전문위원회 자문 여부, 소비자분쟁해결기준 적용 여부, 사업자규정 적용 여부, 조정결정 근거 법령 또는 참고 법령, 실제배상금액, 조정결정내용, 조정결과 등을 분석기준으로 설정하여 3년간(2003년~2005년)의 한국소비자원 소비자분쟁조정위원회 사례 중 189건에 대해 내용분석을 한 바 있는데 연구결과 조정결정시 전문위원회 자문 빈도가 낮은 것으로 나타나 전문위원회의 활용 강화를 주장하였다.

이은경(2012)은 상품유형, 거래방법, 분쟁유형, 분쟁내용, 귀책의 소재, 소비자피해유형, 분쟁해결기준 적용 여부, 처리결과, 당사자 주장의 채택결과 등을 분석기준으로 설정하여 2년간(2010년~2011년)의 한국소비자원 소비자분쟁조정위원회 사례 중 242건을 분석자료로 사용하여 소비자분쟁조정위원회 조정사례에 대해 살펴보았는데 연구결과 상품 유형별로는 보건의료, 관광운송, 레져스포츠 등에 대한 사례의 빈도가 높았고 환급 또는 손해배상으로 처리결과가 나타나는 비율이 높은 것으로 나타났다.

내용분석을 시도한 기존 연구들과 달리 최근 상황적합모델(Contingency Model of Conflict Resolution)을 이용하여 피해구제 사례에 대해 계량분석을 시도한 연구들이 있었다(이혜림·김학린, 2016; 권정현, 2018). 상황적합모델은 원래 사회심리학에 기반한 것으로 Sawyer and Guetzkow(1965)가 처음 고안하였고 이후 Druckman(1973 and 1997)이 정교하게 발전시켰는데(Bercovitch and Jackson, 2001) 갈등해결 분야에서 다수의 사례를 이용해야 하는 계량분석에 유용한 틀로 이용되어 왔다(김학린·강명헌, 2009 에서 재인용).

상황적합모델은 분쟁 자체의 특성에 따라 갈등 해결의 결과가 도출된다는 기존 이론과 달리 분쟁 자체의 특성뿐만 아니라 과정의 특성도 결과에 영향을 미치게 된다고 한다(Bercovitch and Jackson, 2001). 이에 따라 동 모델에서 상황(Context) 및 과정(Processs)은 독립변수가 되고 결과(Outcome)는 종속변수가 되는데 상황에는 분쟁의 특성(Nature of Dispute), 분쟁당사자의 특성 및 관계(Nature of Parties and their Relationship) 등이 포함되며 과정은 분쟁관리 특성(Conflict Management Characteristics)을 의미한다(Bercovitch and Jackson, 2001).

이혜림·김학린(2016)은 2014년 한국소비자원 소비자분쟁조정위원회의 분쟁조정사례를 대상으로 조정성립에 영향을 미치는 요인을 갈등해결의 상황적합이론을 이용하여 살펴보았다. 분쟁특징, 분쟁환경, 분쟁관리 등을 주요 요인으로 설정하고 세부항목을 변수화하여 동 변수들이 분쟁조정 성립여부에 미치는 영향을 파악하였다. 분석결과 분쟁관리 요인 중에서는 회의방식, 피신청인 주장 반영여부, 소비자분쟁해결기준 적용 여부 등이, 분쟁환경 요인 중에서는 분쟁발생 지역이 조정의 성립에 유의미한 영향을 미치는 것으로 나타났다.

권정현(2018)은 2017년 한국소비자원에의 피해구제 사례를 대상으로 상황적합이론을 이용하여 합의성립에 영향을 미치는 요인을 연구하였다. 분쟁특성, 당사자특성, 분쟁관리 등을 주요 요인으로 설정하고 세부항목을 변수화하여 동 변수들이 피해구제 합의 성립여부를 분석한 결과 분쟁특성 요인 중에서는 분쟁품목, 결제방법, 판매방법 등이, 당사자 특성 중에서는 거주지역, 직업 등이 그리고 분쟁관리 요인 중에서는 피해구제 접수방법, 조정인 특성 등이 합의성립에 유의미한 영향을 미치는 것으로 나타났다.

이외에도 김학린·강명헌(2009), 김학린(2012) 등이 한국사회의 공공분쟁 사례들에 대해 상황적합모델을 이용하여 계량분석을 시도한 바 있었다. 그러나 아직까지 금융소비자 피해구제 사례에 대해 계량분석의 틀을 사용한 연구는 찾아볼 수 없다.

본 연구의 사례는 미국 금융소비자보호국(CFPB)에 접수된 소비자상담사례 가운데 캘리포니아 주의 2016년 모기지론 대출 중 변동 금리 상품 관련 사례만을 분석한 것이다. 사례에서는 개인을 식별할 수 있는 나이나 성별 등 구체적인 개인정보를 제공하고 있지 않고 관련 금융사, 확정/변동 이자율 현황 등만을 공개한 사례를 이용하여 분석하였다. 분석한 소비자상담 사례는 2016년 1월~12월 1년간의 미국 캘리포니아 주의 대출 관련 소비자상담 중 변동이자율의 모기지론 상담 총 562건 중 동일한 사례나 내용 분석이 용이하지 않은 사례를 제외한 530개를 살펴보았다.

모기지론에 대한 미국의 채무조정프로그램의 소비자 문제를 파악하기 위해 우선 모기지론 상담 내용을 모기지론 조정 신청을 기준으로 크게 3가지로 분류하여 모기지론 중, 모기지론 조정 신청 중, 모기지론 조정을 받은 후로 나누어 분석하였다. 3가지 시점에 따른 대분류 후 각 영역에서의 소비자 문제를 좀더 세분화하여 분석하였고, 이때 소비자상담의 특성으로 한 사례에서 여러 소비자문제가 얽혀 있어 주요 문제를 중심으로 중복으로 분석하였다. 분석한 상담 중 모기지론에서 발생한 상담은 98건이었으며 채무조정 관련 상담은 432건이었다.

분석방법으로는 Strauss and Corbin(1990)의 근거이론 방법을 적용하였다. 근거이론은 주어진 현상에 대한 대상자들의 경험을 관찰하고 해석함으로써 경험적 자료를 바탕으로 새로운 관점에서 현상을 바라보고 현상에 대해 의미 있는 개념이나 이론을 만들어내기 위해 사용되는 연구방법이다(김설매·김태연·이윤정, 2020 재인용). 본 연구에서는 전환대출 신청 이후 직면하게 된 소비자들의 문제 중 전환대출 조정 전 과정에서 겪는 문제, 전환대출 거절 이유에 대한 불만을 중심으로 대표적인 사례를 제시하였다. John W. Creswell(2005)의 근거이론 연구 분석방법을 보면 근거이론 연구의 가장 핵심적인 부분은 연구하고자 하는 현상의 맥락과 밀접하게 관련된 이론을 개발 혹은 생성하는 것인데, 이때의 이론이란 개념 혹은 일련의 개념 군들 간의 그럴듯한 관계이다. 이렇게 연구자에 의해 개발된 이론은 연구의 마지막 부분을 향해 가면서 명료해지며, 내러티브 진술, 시각적 그림 혹은 일련의 가설이나 명제의 형태를 띨 수 있다. 근거이론 연구에 있어 자료 분석과정은 다음과 같다. 개방코딩에서 정보를 구분함으로써 연구하고자 하는 현상에 대한 정보의 초기 범주들을 형성한다. 연구자는 각각의 범주 내에서 몇 가지 속성 또는 하위 범주들을 찾아내며, 차원화하기 위한 자료들을 찾거나 속성의 연속선 위에 있는 극단적인 가능성들을 보여준다.

본 연구에서는 개방코딩으로 각 상담 사례의 내용 중 소비자들이 겪고 있는 주요 문제를 중심으로 범주화하였다. 축코딩에서는 각 범주로 분류된 사례에서 중심 현상인 주택의 금융 문제, 문제의 원인, 대출 현황 등을 뽑아 하위 범주로 분해하였고, 속성 및 하위 범주 간 맥락화하여 관계를 정렬하였다

개방 코딩(open coding)은 상담 내용을 줄단위로 분석하면서 상담 요청을 한 주요 원인, 연체 등 대출 현황, 소비자가 바라는 문제 해결 방안, 소비자가 겪고 있는 문제 상황, 주택의 금융 문제 등의 단어나 문장을 뽑아내어 분류하고 범주를 구성하였다. 축코딩(axial coding)에서는 범주로 분류된 개념들에서 공통된 특징이나 의미상의 연관성을 토대로 속성을 도출하고 이를 차원화하여 하위 범주로 분해하였고, 속성 및 하위 범주 간의 맥락화하여 범주들 간의 관계를 정렬하고 조직화함으로써 현상에 대한 중심 범주와 이를 둘러싼 다양한 조건의 범주들을 패러다임으로 구성하였다. 다음은 이러한 과정을 거쳐 선택한 각 범주와 하위 범주 내의 대표 사례 내용이다.

2. 소비자상담 사례 분석

모기지론 대출 소비자상담 유형별 사례는 모기지론 대출 조정 신청을 기준으로 분류를 한 것을 토대로 대표 사례를 뽑아 제시하였다. 그리고 각 단계에서 많이 거론된 문제들을 별도로 묶어 이를 상세히 분석, 문제 해결 및 예방 방안을 제시하였다. 상담 사례들은 주요 내용만을 정리하여 제시하였다.

1) 모기지론 대출 채무조정 단계별 소비자문제

(1) 모기지론 대출 중 상담

모기지론 대출과 관련된 소비자상담은 크게 “대출사의 고객 대응 불만”과 “주택 처분 관련 소비자문제”로 나누어 보았다.

① 대출사의 고객 대응 불만

“대출사의 고객 대응 불만”은 모기지론 대출과 관련된 문제 중 대출회사들과 직접적으로 연관된 소비자상담을 중심으로 분석한 사례들이다. 소분류 상담으로는 대출회사들이 고객들의 문의에 무응답한 경우가 가장 많았다. 이외에 전환대출 등의 문의에 무성의한 대응, 정확하지 않은 일 처리 등의 상담 사례가 있다.

사례 1은 대출 문제를 해결하기 위해 변경된 대출사에 여러 번 문의하였으나 해결 방법을 알려주지 않고 모호한 답변만 주는 대출회사에 대한 소비자 불만 사례이다. 이 같은 사례 외에 대출회사가 고객의 문의에 무응답한 사례가 많았다.

사례 1. 대출 문제 해결 위해 대출회사에 문의했으나 성의없이 응대하는 대출회사
I have been trying to come to a resolution for loan XXXX since it was transferred to S*** from XXXX XXXX XXXX XXXX XXXX. It is now XXXX XXXX and I still can not come to a resolution with my servicer. My main complaints are ignored each and every time. I have sent several Qualified Written Requests and Letters of Explanation to Select Portfolio regarding the following disputes and the responses are vague.
대출문제를 해결하기 위해 변경된 대출사에 여러번 문의했으나 성의없는 답변이나 모호한 답변으로 일관하고 있다.

사례 2도 대출회사의 무성의한 대처에 대한 사례로 소비자가 대출금 지불 문제를 해결하여 집을 지키고 싶어 대출회사에 대출 관련 투자사에 대한 정보 요청을 하였으나 대출회사가 모호한 답변 혹은 무응답으로 일관한 사례이다. 사례 중 대출회사가 소비자에게 별도의 통보 없이 변동되어 문제가 된 사례가 많았다. 대표적인 사례로는 소비자가 채무조정프로그램을 신청하기 전 자신의 대출상품과 연관된 투자금융사의 확인 및 정보 제공을 요청한 경우 등이 있었다.

사례 2. 대출 관련 대출회사 정보 요청했으나 무응답

I want to respond to my complaint. I was sent a letter by XXXX XXXX XXXX and it was stated that XXXX was working on behalf of I*** and was my investor. I need help for my home and I want to keep my house.

집을 지키기 위해 대출과 관련된 투자사에 대한 정보 요청 및 문의를 요청하였으나 아무런 답변도 듣지 못하고 있는 상태이다.

사례 3은 소비자가 연체한 경험이 없는데 연체로 기록되어 소비자의 신용 점수에 불이익이 발생하였으나 대출회사가 이를 확인, 수정 과정을 제대로 처리가 되지 않은 사례이다. 이같은 신용 기록 관련 사례는 소비자는 연체 기억이 없으나 연체 기록이 되어 있는 경우가 대부분이었다.

사례 3. 부정확한 연체 기록으로 인한 소비자 불만

CHASE CHARGED OFF THE ACCOUNT THAT WAS PAID AS AGREED (BY MY EX SPOUSE) WITH NO LATES.... IT IS DAMAGING TO MY CREDIT REPORT AND IT IS STILL REPORTING A BALANCE DUE... THIS IS NOT MY LIABILITY IN FIRST PLACE!!!

연체된 적이 없는데 연체로 기록되어 소비자가 문제제기를 하였으나 처리가 되지 않았다.

사례 4는 대출회사의 일 처리에 대한 소비자불만 사례로 변동이자율 대출상품의 이자율 조정 시 매번 부정확하게 하여 시정을 요청하였으나 시점이 한참 지난 후에 조정이 되고 이런 문제가 반복되는 것에 대한 소비자 불만 사례이다.

사례 4. 변동 이자율 조정 시 부정확하게 하는 대출회사

This year when the loan re－adjusted /the principal balance used to determine the following years payments was incorrect. I have tried to resolve this with “The Bank” to no avail. This has occurred at every re－adjustment period and when brought to “The Bank’s” attention it has always been corrected in the past.

변동이자율 대출 상품의 이자율 조정시 매번 부정확하게 하고 있어 시정을 요청하고 있으나 매번 지난 다음에 재조정을 해주고 있다.

사례 5는 소비자가 대출금을 정기적으로 지불하는 기간 동안 대출회사의 변경으로 대출 지불금 정보 변경이 발생했으나 대출회사가 소비자에게 정보를 제공해 주지 않아 연체가 된 사례이다.

사례 5. 대출회사 변경 시 정보 제공 없어 연체된 사례

I inherited a condo and changed the title 8 years ago. The original loan was sold to XXXX and now to S***. I am authorized to pay bills and take care of this property, and everytime the loan is sold, they will not allow me to correspond. if I send in the payment of {$530.00} (it is ALWAYS ON TIME), they will charge me a late fee because I didn't include the XXXX cents. why this loan is always sold to hard money lenders / servicer's is to attempt foreclosure and steal my equity. I want to resolve this YESTERDAY AND DEAL WITH SOMEONE THAT HAS A BRAIN and not hang up on me.

대출금을 지불하는 도중 대출회사가 변경되었으나 대출회사가 정보를 제공해주지 않아 연체가 되었다.

사례 4, 5와 같이 대출회사의 부정확한 일처리로 인한 소비자불만이 많았고 이외의 사례로는 이자율 산정이나 수수료 변경 후 시스템 적용 시 정확하지 않은 일처리로 인한 소비자 불만 사례 등이 있었다.

② 주택 처분 관련 소비자문제

"주택 처분 관련 소비자문제"는 압류, 경매, 급매(shortsale)의 통보 및 처리 과정과 관련된 문제, 주택 처분 과정에서 소비자에게 정확한 설명 부족, 이중추적(dual tracking) 등이 있었다.

사례 6은 급매 진행 중에 구매자가 나타나 소비자는 처리하려고 하였으나 대출회사가 압류를 하려고 하여 문제가 발생한 사례이다. 사례 6과 같이 소비자의 주택 처리 방법과 대출회사의 처리 방법에서 차이가 발생한 상담 사례가 있었는데 이들 대부분 대출회사가 주택 처분 과정과 결정에 대해 일방적으로 통보 혹은 변경을 하여 발생한 경우가 많았다.

사례 6. 급매를 처리하는 과정 중에 압류 등 다른 처리를 하는 대출회사

I have received a shortsale offer for the property. My realtor and probate attorney are working with the lender to close the shortsale deal. The lender has approved the shortsale and the buyer has opened an escrow by placing {$71000.00} down. There are complications regarding liens on the property which will take additional time to remove. The property is schduled to forecloseon XXXXXXXX, 2016 which will not give us enough time.

구매자 나타나 급매를 진행하려고 하였지만 대출회사가 압류를 하려고 하는 문제이다.

사례 7은 소비자가 파산하여 급매를 진행하고 있었으나 대출회사가 이를 거절하고 대출금을 올리고 있어 소비자에게 더 큰 자산 문제를 만들고 있는 사례이다.

사례 7. 주택의 급매 처리 시 대출회사의 처리 문제

He homeowners filed a Chapter XXXX bankruptcy. The lender told them / they had to move out / since they don't own the property any more.

The lender then sent a letter to the consumer requesting they market the property and move forward with a short sale. Therefore, the consumer proceeded to hire a real estate agent, market the property, and procure a buyer. Now, however, the lender is now refusing / to do a workout of any kind, even though they know the mortgage is upside down.

집주인이 파산되어 주택을 급매로 처리하려고 하나 대출회사가 협조하지 않고 대출금을 계속 올리고 있는 상황이다.

사례 8은 급매를 시작하기로 한 주택에 대출회사가 압류까지 진행한다고 통보를 받은 소비자가 이에 대한 문제제기를 하고, 압류 진행에 대한 문의를 하려 대출회사에 연락을 취하였으나 연락이 되지 않아 문제 해결에 진척이 되지 않은 사례이다.

사례 8. 급매 중 압류를 진행하려는 대출회사와 연락두절 문제

This short sale was started. In addition, B*** has told us that they will foreclose on an XXXX XXXX service member XXXX. They claimed they could not postpone the foreclosure sale date without a short sale approval. we are not able to contact the negotiator directly. The information given in equator is invalid, and we have no way of reaching them by phone.

급매를 시작하려는 중에 대출회사에서 압류를 진행한다고 하여 대출회사에 연락을 취하였으나 아무런 대응도 없고, 연락이 되지 않아 답답한 상황이다.

상담 중 사례 8과 같이 주택 처분과 같은 심각한 문제나 모기지론 대출 관련 소비자 문의가 있을 때 대출회사가 제대로 연락이 안 되거나 무응답인 경우가 많아 이중으로 소비자 불만이 쌓이는 사례가 많았다.

(2) 채무조정 신청 중 소비자상담 사례

채무조정 신청 중 소비자상담 사례는 전환대출 신청 기간 내에 발생한 소비자문제들이다. 채무조정의 기간에 대한 분석 시 채무조정 신청 유무를 확인하기 어려운 모호한 상담이 있었으나 이번 분석에서는 명확하게 채무조정 신청 중이라고 밝힌 사례만 분석하였고 그 결과 채무조정 신청 중인 상담사례가 가장 많았다.

상담 내용은 크게 "채무조정 중 대출회사의 부적절한 대응"과 "채무조정 거절 시 문제"로 나누어 보았다. 이 외에도 채무조정 시 대리인(변호사)과의 문제, 신용관리 등의 문제도 있었으나 아래 사례 제시에서는 예외로 하였다.

① 채무조정 중 대출회사의 부적절한 대응

"채무조정 중 대출회사의 부적절한 대응" 영역에서는 대출회사의 서류 분실, 처리 지연, 심사 문제, 정보 제공 문제, 대출회사의 채무조정 프로그램 불참, 이중추적(dual tracking), 이자율 및 수수료 조정 등의 문제들이다.

사례 9는 채무조정을 위한 전환대출 신청에 필요한 서류를 소비자가 대출회사에 보냈으나 분실 등의 이유로 전체 서류에 대한 재요청을 여러 번 하였고, 이에 소비자가 매번 응했으나 이후에는 서류 접수 등에 대한 연락이 대출회사와 이루어지지 않은 사례이다.

사례 9. 전환대출 서류를 여러 차례 요청한 후 응답 없는 대출회사

I have sent the loan modification package multiple times and C*** team either is not processing the documents or keep losing the entire packet. I have sent them everything they required and now they're telling me they have closed the file to do loan

> modification for this loan. I'm very frustrated with their response, lack of customer service, and knowledge to be handle documents to process this file.
>
> 전환대출 신청을 위해 서류를 보냈으나 전체 서류를 분실하였다며 재요청하여 소비자가 여러 차례 서류를 보냈으나 이후 대출회사에서는 절차 진행에 대한 연락이 오지 않았다.

이 사례와 같이 대출회사가 채무조정 신청을 한 소비자에게 동일 서류 및 일부 서류 요청을 여러 번 하여 소비자 불만이 발생한 경우와 서류 요청을 여러 번 하며 심사기간을 지연시키거나, 압류, 급매 등과 같은 주택 처분 일정 통보 등의 문제랑 연결된 사례 등이 있었다.

사례 10은 이자율 조정에 실패하여 대출 지불금을 감소시키기 위해 대출회사에 문의를 하였으나 별다른 답변을 받지 못한 상태이다. 더욱이 대출회사가 오바바 대통령의 채무조정 프로그램에 참여하고 있지 않은 상태라 소비자가 이에 대한 문제제기하였다.

> **사례 10. 채무조정 프로그램에 불참한 대출회사 문제**
>
> O*** holds the XXXX mortgage on my condo. I fell behind in my payments due to my income being reduced by more than XXXX%. I have been trying to work with them on reducing my payments. I tell them I don't understand why they are unable to reduce my payments and work out are payment plan.
>
> I never received an email nor did they call. They never mention anything about President Obama's housing programs that you hear so much about to assist homeowners.
>
> 소득을 고려하여 이자율 감소 조정에 실패하여 전환대출 신청을 하려고 하나 오바바 대통령의 채무조정 프로그램에 대출회사가 불참하고 있다.

채무조정 중 상담 사례 중 사례 10과 같이 대출회사가 채무조정 프로그램에 참여하고 있지 않아 신청 조건이 가능한데도 채무조정 프로그램을 이용하지 못한 것에 대한 소비자상담 사례가 많았다.

사례11 전환대출을 신청했으나 신용보고서에 연체 기록이 있는 것을 알게 된 사례이다. 소비자는 대출금을 연체한 적이 없다고 하나 대출회사에서는 연체가 되었다고 하여 신용 기록에 문제제기를 한 상황이다.

사례 11. 잘못된 신용기록으로 인한 문제

We applied for a mortgage modification through our servicer W***. We never missed a payment on our mortgage. However, Wells Fargo reported to the credit reporting bureaus that we were behind on payments. This negative reporting caused problems for us when wetried to qualify for a reverse mortgage. W*** claims that they report borrowers as late during TPPs even if the borrowers have made all of their payments on time. They should report that we are making our payments on time and not make it look like we are missing payments when we are not.

전환대출을 신청하면서 연체가 있다는 사실을 알게 되었는데, 소비자는 연체를 한 기억이 없어 이에 대한 문제제기를 하였다.

사례 12는 소비자가 이전에 전환대출 중 대출회사에서 이중추적(dual tracking)을 시도하여 고소한 적이 있었다. 이후 다시 전환대출을 신청하였으나 제대로 처리되지 않고 대출회사가 압류 전 경매를 하기를 원하는 사례이다.

사례 12. 채무조정을 하는 중 압류처리 한 대출회사

We are writing to you because we feel that W*** has been not properly processing our loan modification over the last 6+ months. We feel that their main goal is to foreclose on us and we want to take action before it 's too late. We also feel that because we were in prior litigation with W***, that they are using this against us. In fact, in a previous attempt for a modification with W***, our attorney at the time put W*** on notice that it was breaking the law by “dual tracking” us.

이전에 전환대출 과정 중 이중추적을 시도하여 고소한 적이 있으며 이번에 채무조정의 처리가 정확하지 않아 대출회사가 압류 전 경매를 하고 싶어하는 것 같다.

이중추적(dual tracking) 사례는 확실하게 이중추적으로 확인된 사례보다는 소비자의 생각으로 이중추적을 의심하는 사례가 많았다. 예를 들어 전환대출 신청 중 압류 통보나 급매 일정을 통보받는 사례 등이 가장 많았다. 이외에도 급매와 압류, Trust sale 등 여러 주택 처리 방법이 이중으로 통보되는 경우가 있었다.

사례 13은 소비자가 전환대출 신청을 하기 위해 서류를 제출하였으나 대출회사에서는 서류를 받지 못했다고 주장하며 압류를 해 온 상황이고 다른 어떤 지원도 해 줄

수 없는 상황이라고 하는 사례이다. 이에 소비자는 전환대출 신청 중 통보된 압류는 이중추적이며 전환대출에 대한 정보 제공도 제대로 받지 못했다고 불만을 이야기한 사례이다.

사례 13. 전환대출 요청했으나 서류 못 받았다며 압류한 대출회사

I requested a modification to S**** on XX/XX/2016 attached you will find out the application with the supporting document but they had me in a dual track and now they said they do not have any application at all and had my home in foreclosure I had a complaint throe ambundsam consumer and I had no response at all over the pone they said that I will be receiving a payment plan and today they said there is nothing on file and there is no record of calls this company is been doing this to me fore the last 3 years and do not care about home owners bill of rights a list to review my financial information to have the opportunity to safe my home this collection agency refuses to validate the debt i need your help to save my home

전환대출 서류를 보냈으나 서류를 받지 못했다며 압류를 하여 이중추적(dual tracking)임을 주장한 사례이다.

② 채무조정 거절 관련 문제

"채무조정 거절 관련 문제"영역에서는 전환대출 후 거절 이유에 대한 설명이 없거나 부족한 경우, 전환대출 심사에 대한 의심, 거절당한 이후의 대출회사 대처 문제 등이 포함되어 있다.

사례 14는 오랜 기간 동안 거래한 대출회사에서 새로운 변동 이자율 대출을 받았으나 연체하게 되어 주택 상담 기관을 통해 전환대출 조건을 확인 받은 후 전환대출을 신청하였으나 대출회사에서 충분한 설명없이 거절당하였다. 또한 대출회사가 압류를 하여 이중추적(dual tracking) 위반이라고 주장하는 사례이다.

사례 14. 전환대출 신청하였으나 압류한 경우

At one point, my home was paid in full, but I was stricken with XXXX, could n't work, and took out another loan on my house. I am a long-time W*** customer, but when I went to W*** for the loan, they referred me to a subprime lender, who gave me an adjustable rate mortgage. I could make the low payment, which was a little over

{$1000.00} per month, but the payments skyrocketed to over {$4000.00} per month, which I could n't afford. I got behind on the payments. I applied for a loan modification through XXXX Housing Counseling Agency, authorized by the federal government to help homeowners in distress. Suprisingly, W*** denied the proposal without sufficient explanation. In violation of this law, W*** is dual tracking my loan into the foreclosure process while I am trying to secure a loan modification.

전환대출 자격 조건을 관련 기관에서 확인받은 후 계획서를 제출하였으나 계획서가 충분하지 않다고 거절하고 있으나 전환대출을 보장받기 위해 노력하는 동안 압류를 대출회사가 하였으나 이것은 이중추적(dual tracking)이라고 본다.

채무조정 거절 관련 사례는 많은 경우 거절 사유에 대해 대출회사들이 충분히 설명을 하지 않거나 아예 설명 요청에 무대응하는 사례들이 많았다.

사례 15는 소비자가 전환대출 거절 통보를 받고 이에 대해 대출회사에 이의 제기를 신청한 상태에서 압류 통보를 받은 사례이다. 이의 제기에 대한 별다른 답변이나 결정이 없는 상태이기 때문에 소비자는 전환대출이 확실히 거절된 상태가 아니기 때문에 이중추적(dual tracking) 위반이라고도 주장하고 있다.

사례 15. 전환대출 거절 후 이의 제기 중 압류

On XXXX/XXXX/XXXX, loan servicer(O***) denied the loan modification on my account. On XXXX/XXXX/XXXX, I have formally appealed and challenged their decision on loan modification denial. Instead of addressing my appeal, O*** elected to start a foreclosure process by filing a Notice Of Defalut(NOD) on XXXX/XXXX/XXXX. O*** chose to ignore and disregard my appeal and proceeded with foreclosure process. This violates CFPB 's Dual Tracking Rules and California State Homeowner Bill of RIghts.

전환대출 거절에 대해 대출회사에 이의 제기를 한 상태에서 대출회사가 압류 통보해 왔고, 이는 명백히 이중추적(dual tracking) 위반이라 주장하는 사례이다.

(3) 채무조정을 받은 후 소비자 상담 사례

채무조정 후의 소비자상담 사례는 상대적으로 다른 영역의 사례보다 상담 건수가 적었고 채무조정 전과 비슷한 내용이 많았다. 주요 상담 문제는 채무조정 이후 신용 기록 문제, 지불금 문제, 압류 등의 문제 등이다.

사례 16은 채무조정을 받은 이후 실업 상태가 되어 현재 파산상태이나, 아직까지는 연체한 적이 없는데 연체기록이 있어 대출회사에 문제제기를 하였지만 답변을 주지 않아 상담을 의뢰한 사례이다.

사례 16. 연체 기록 문제

1. I defaulted on my G** mortgage payments XX/XX/XXXX due to job loss.
2. Now bankrupt G** (superseded by O*** Loan Servicing LLC later on) issued a repayment plan.
3. I complied with repayment plan – paid all requested amounts to G** through XXXX XXXX for 8 month.
4. On XXXX XXXX, XXXX, G** approved my Mortgage Modification Request and set the monthly payment amount based on new loan amount that contained all the default amounts from previous months.
5. I have been making payments every single month starting XXXX XXXX without missing a single payment and without being late till Present, all according to G**/O*** requirements.

채무조정 이후 실업이 되었으나 연체한 적은 없는데 연체 기록이 있어 대출회사에 문의를 하였으나 답변이 없는 상태이다.

신용 기록은 소비자의 경제활동에 직간접적으로 영향을 미치는 기록으로 채무조정을 받은 소비자나 실업 등의 경제활동을 새롭게 해야 하는 소비자에게 민감한 상황인데도 불구하고 대출회사가 신속히 대응하지 않아 발생한 문제이다.

사례 17은 채무 조정 이후 대출금을 4번 정도 지불했으나 대출회사의 시스템 문제로 입금이 안 된 것으로 되어 있어 대출회사에 확인해 본 결과 변동된 이자율과 지불금이 시스템 내에 조정되지 않은 문제였다.

사례 17. 채무조정의 시스템 문제

I disputed the S** payment to XXXX, immediately. To date, XXXX has not submitted a proper bill in any amount for any outstanding claim of debt. XXXX ceased communicating with me after XXXX found errors and adjusted the online loan transaction history.

XXXX made a change to the mortgage interest rate effective XXX/XXXX/XXXX. That change included an increase in the interest rate and payment that, contrary to the S** claim, has not stayed the same for six months. S** must know that this new debt claim violates the A** agreement much like S** knows that collecting disputed debt from me on behalf of XXXX is wrong and beyond the scope of the agreement. XXXX must be held accountable to justify the claim and not simply allowed to rely on a third party, S**, to collect a disputed claim without proof.

채무조정 후 변동된 대출금과 이자율 조정 후 시스템 문제에 대한 상담 사례이다.

지불금 문제는 연체로도 연결되기 때문에 매우 중요한 문제이나 사례 17과 같이 시스템 문제나 대출회사가 2번 출금한 경우, 금액 계산 착오 등의 문제로 소비자 상담이 발생하는 것으로 나타났다.

사례 18에 이전 대출회사에서 전환대출 승인 받았으나 변경된 대출회사가 이를 거부하며 대출금도 받지 않더니 압류가 들어왔다. 관련 서류들도 보냈으나 서류를 잃어버렸다고 하며 제대로 처리도 하지 않은 대출회사에 대한 문제제기한 사례이다.

사례 18. 대출회사 변경으로 채무조정 인정하지 않는 대출회사 문제

The current Mortgage Servicer has an illegal foreclosure against our family home. We were APPROVED and in a loan modification trial period with the previous Servicer (Resurgent) when the mortgage was service transferred to a new Servicer (S**) who failed to honor the APPROVED Trial Plan and refused to accept payments from us so the account fell so delinquent that it reached a point where the balance due was to much to pay for us at the time. We reached out and made several attempts to request mortgage relief assistance with S** to no avail. They just want to take our home. They have failed to assign a S*** or meet the Conditions and Requirements of contacting borrowers before filing Notice of Default under California Foreclosure Law and HBOR. We submitted several packages and documents on many occasions and they always lost the documents and failed to reply. They simply have us the run around and failed to help save our home. Now they have a trustee sale date of XXXX/XXXX/2016.

채무조정 승인을 받았으나 대출 관련 대출회사가 변경되며 이를 인정하지 않아 발생한 상담 사례이다.

채무조정 확정 이후의 대출회사 변경 문제는 이전 대출회사의 결정 사항에 대해 승인되지 않는 경우나 이자율 재조정 등의 문제와 연결된 경우가 있었다.

2) 상담 내용에 따른 소비자상담사례

채무조정 단계에 따른 소비자상담 분석에서 각 단계에서 나타난 공통된 상담 내용을 별도로 살펴보며 해당 문제의 원인 등을 상세히 분석, 살펴볼 것이다.

(1) 소비자의 문의에 대한 대출회사의 대처 문제

소비자의 문의에 응답하지 않는 경우, 주택 처분 시 발생하는 문제, 대출회사의 정보 제공 관련 문제로 나눌 수 있었다. 다음은 이들 문제에 대한 세부적인 유형과 관련 사례이다.

① 대출 현황 정보 요청에 무응답인 대출회사

사례 19는 불법적 압류를 시도한 현 대출사에게 소비자는 “Fair Debt Collection Practices Act”에 의해 압류에 대한 문제제기와 자신의 대출 상황에 대해 정보를 요청했다. 더욱이 현 대출사는 소비자가 초기 대출을 받았을 때의 대출사와 변동되어 소비자는 채무 상황과 대출 지불 내역 등을 구체적으로 확인하려 했다. 하지만 현 대출사는 소비자의 문의와 정보 요청에 어떤 연락도 주지 않고 있어 소비자는 관련 법에 의해 공식적인 정보 제공 요청과 압류에 대해 대처를 해야 하는 상황에 놓여 있다.

사례 19. 불법적 압류로 인해 채무 확인 요청하였으나 응답이 없는 대출사

I sent a debt validation request to C***, they have not responded to my request. They have illegally foreclosed on my home in XXXX. I requested they send me the data from the original lender. I respectfully request that your offices provide me with competent evidence that I have any legal obligation to pay you.
Provide proven facts with account loan attached from the ORIGINAL creditor and signed under Penalty Of Perjury. Identify the ORIGINAL creditor. As it stands now, you are a Debt Collector.
I would also like to request, in writing, that no telephone contact be made by your offices to my home or to my place of employment.

불법적 압류를 시도하여 관련 법에 의해 채무 확인 서류를 현 대출사에 요청했으나 어떤 연락도 오지 않았다. (대출사가 변동되어 초기의 대출사와 대출 계좌, 대출 기록, 차용 증서 등을 요청했으며 정해진 기간 내에 응답이 오지 않았음)

② 채무조정 제도 지원에 도움 요청했으나 무응답인 대출회사

모기지론 연체로 소비자가 채무조정 제도 신청을 원하는 경우 해당 제도의 자격, 필요한 서류 등에 대한 정보가 필요하게 된다. 본 사례는 이같은 상황에 대출회사들이 적극적으로 소비자에게 정보 제공이나 상담 등의 도움을 주지 않아 발생한 소비자문제이다. 사례 20은 소비자가 채무조정제도에 대한 정보나 도움을 구체적으로 요청하였으나 대출회사가 아무 대응도 하지 않는 경우이다.

사례 20. 모기지론 연체로 압류, 대출 지원 제도에 도움을 요청했으나 무응답인 대출회사

W** foreclosed on my home on XX/XX/XXXX but they never notified me that I had a foreclosure sale date. I lost my job XX/XX/XXXX and I was out of work for over a year and that caused us to fall behind on our mortgage. My wife ended up losing her job XX/XX/XXXX. We are both working now and we have the income to make mortgage payments, but we just didn't have the funds available to bring the loan current so we reached out to our servicer for assistance. We have been trying to get modified since XX/XX/XXXX but W** didn't help us get back on track.

소비자는 실업으로 모기지론 연체가 되어 주택 자산에 압류까지 되어 있는 상태이다. 대출 지원 서비스를 받아 문제를 해결하고 싶으나 이에 대해 대출회사에서는 제도 신청에 도움을 주지 않고 있다.

③ 전환대출 접수 관련 문의에 무대응하는 대출회사

사례 21은 대출전환 신청 후 대출회사가 무응답 혹은 느린 처리에 대한 소비자 문제이다. 대출 전환을 신청한 소비자는 조정 요청이나 대출회사 문의 후에도 대출금(원금, 이자 등)을 계속 갚아나가는 것이 어려운 상황이고 대출 원금이나 지불금은 계속 상승될 수 있는 상황이기 때문에 대출조정 가능성에 대한 상담은 신속히 이루어져야 할 것이다.

사례 21. 대출 전환 서비스 요청에 응답 없는 대출회사

I have on many occasions asked that my loan be modified into a 30 year fixed they will not respond to my request. These loans were a horrible thing they did to consumers and I have tired many times in the XXXX years to get out of the ARM. My loan payment goes up every XXXX months the original amount was {$1200.00} a month has now increased to {$1400.00}. I need help!

대출을 30년 고정으로 전환할 수 있는 지에 대해 요청을 했으나 대출회사는 응답을 하지 않고 있는 상태이다. 이 대출로 여러 고충을 겪었고 매달 지불하는 대출 지불금도 계속 증가하고 있는 상태라 도움이 필요한 상태이다.

사례 22은 전환대출 신청 후 대출회사에서 접수가 되었는지 조차 알려주지 않은 것에 대한 불만제기이다. 금융거래에서 비대면으로 이루어지는 경우가 증가하는 상황에서 소비자가 금융서비스를 비대면으로 접수 후 접수가 제대로 되었는지 혹은 진행되는 절차나 최대 처리 기간 등에 대한 기본적인 사항에 대해서는 소비자에게 알려주어야 할 것이다.

사례 22. 대출조정 신청 접수에 무응답인 대출회사

Submitted an complete Loan Modification packet on XXXX XXXX, 2015 to Fay Loan Servicing. We have not had a return call or email response from Fay Servicing.

2015년에 전환대출 서류를 우편으로 지원했으나 (2016년 2월까지도) 대출회사에서 어떤 응답 메일이나 전화가 오지 않고 있는 상태이다.

④ 전환대출 탈락 시 대출회사의 설명 부재의 문제

사례 23는 전환대출 지원 거절에 대해 소비자가 이의제기를 했으나 이에 대한 답변을 대출회사에서 받지 못한 사례이다. 이 사례에서 나왔듯 대출회사는 소비자의 이의제기가 발생하면 정해진 기일 내에 답변을 해야 한다는 가이드가 있지만 지키지 않고 무대응한다는 것이다. 이 같은 문제에서 파생될 수 있는 소비자문제로는 대출회사가 정해진 기한 내에 응답하지 않아 연체나 다른 기회를 잃을 수 있는 2차 소비자 문제가 발생할 수 있다는 것이다. 따라서 채무조정 제도 운영시 대출회사들의 자발적 협조에만 의존하지 말고 대출회사가 최소한 지켜야 할 규칙에 대해서는 강력한 제재를 동반하여 운영하여 소비자가 또다른 불이익을 당하지 않도록 해야 할 것이다.

사례 23. 전환대출 탈락, 이의제기에 답변을 하지 않는 대출회사

I applied for assistance in saving my home from foreclosure with B** Financial. B** denied my application on XXXX/XXXX/XXXX stating my current contractual payment was below XXXX % of my gross monthly income. However, B** made an error and used my Contractually due payment from XX/XX/XXXX in the review ({$2100.00}). Per HAMP guidelines they are not supposed to be using my Contractually due payment (from XX/XX/XXXX) in the review. My attorney was advised I would have to appeal the denial and we did so on XXXX XXXX, XXXX. Since XXXX XXXX, XXXX B** has refused to respond to my appeal. I am told that per guidelines and RESPA Reg X, my servicer is not supposed to evade review and must reply to my appeal in 30 days. Today it has been 64 days since my appeal and I still have no response from B**.

압류로 인해 주택을 구하기 위해 지원 신청을 하였다. 대출회사는 현재 내 계약 지불금이 월총 소득의 XXXX% 미만이라며 거절하였다. 하지만 대출회사는 HAMP 가이드에 의해 금지된 사항으로 지불금 평가를 하는 실수를 하였다. 이에 대해 항소를 했으나 대출회사는 재검토와 내 항소에 의한 응답을 거절하고 있고 이는 HAMP 가이드에도 맞지 않은 것이다.

⑤ 대출회사가 중요내용에 대한 연락 방법 문제

사례 24는 대출회사가 오래된 이메일로만 소비자에게 답변을 주며 추가 서류에 대한 설명 없이 통보 후 전환대출을 거부하고 Trustee Sale로 넘긴 경우이다.

대출회사의 정보 제공 및 연락 문제에 있어 반드시 확인해야할 사항은 소비자의 연락처 변경에 대한 의무사항을 잘 지켰는가이다. 우리나라의 경우 소비자는 자신의 주소지나 전화번호, 이메일 등의 정보가 변경될 시 즉시 이를 대출회사에 통지해야할 의무가 있다. 이를 지키지 않아 발생된 문제에 대해서는 소비자도 책임이 있다. 반면 대출회사는 소비자에게 메시지를 통보하는 방법으로 "서면, email 등"으로 하는 경우가 많기 때문에 이 중 어느 하나로 메시지를 보내면 대출회사의 책임은 면하게 된다.

사례 24. 오래된 이메일 주소로만 연락을 취한 대출회사

We have submitted numerous documents to obtain a loan modification from S**. I never received their correspondence, even though I had a forwarding address since XXXX XXXX, XXXX ; they sent mail to the old address. I recently received the letter. I never received the requests for documents that were mentioned in the letter, and S** has not set forth the documents that are needed. A Trustees Sale is set for XXXX XXXX, XXXX at XXXX. No reason for declining the modification was stated.

전환대출을 받기 위해 대출회사에 수많은 서류를 접수했으나 답변을 받을 수 없었다. 대출회사에서는 오래된 메일 주소로 보냈었기 때문이었고 최근에서야 연락을 받았다. 또한 회신에 적혀있던 문서에 대한 문의에 답변도 받지 못했고, 대출회사에서는 필요한 서류에 대한 설명도 제대로 해주지 않았다. 현재 소비자의 주택은 Trustees Sale 상태로 되었고 대출회사는 전환대출 거절 이유도 설명하고 있지 않다.

따라서 소비자는 대출회사에 입력되어 있는 개인정보에 변동이 있을 시 반드시 대출회사에 이를 알려 중요 정보 등을 받지 못해 불이익을 당하지 않도록 주의해야 할 것이다. 대출회사는 소비자의 금융 상품 거래 관련 서류 제출 후 각 단계별 처리 기한을 정하여 해당 기한 내에 단계별로 접수 상황을 통보하여 소비자가 조정 신청 결과를 무한정 기다리지 않도록 해야 할 것이다. 또한 이 경우와 같이 중요한 연락은 소비자에 해당 연락처를 사전에 확인하여 연락을 취하든가 2가지 이상의 방법으로 소비자에게 연락을 취해 소비자가 연락을 받지 못해 피해를 입는 것을 방지해야 할 것이다.

(2) 전환대출 심사 과정에서 대출회사의 부정확한 일처리 문제

① 심사 과정에서 대출회사의 동일 서류 계속 제출 요청

아래의 사례는 소비자가 대출회사가 전환대출 관련 서류를 여러 번 요청하여 보냈으나 대출회사에서는 계속 서류를 잃어버리거나 제대로 처리하지 않아 발생한 소비자 불만 사례이다. 이러한 상황이 반복되며 대출회사는 서류 제출이 마감되었다고 소비자에게 통보하였고 소비자는 결국 전환대출 심사를 제대로 받지 못하게 하였다. 전환대출 중 소비자상담 중 대출회사의 반복된 서류 요청 사례는 많았으며 이들의 대부분은 소비자들의 전환대출 신청을 지연시키거나 막아 주택 압류, 경매, 급매 등으로 처리되게 하는 경우가 많았다.

사례 25. Loan modification에 대출회사 요청서류를 여러 번 보냈으나 처리 불능

I have sent the loan modification package multiple times and C*** either is not processing the documents or keep losing the entire packet. I have sent them everything they required and now they're telling me they have closed the file to do loan modification for this loan. I'm very frustrated with their response, lack of customer service, and knowledge to be handle documents to process this file.

소비자는 대출회사가 요구하는 대출 전환 서류를 여러 번 제출하였으나 대출회사에서 이를 처리하지 않거나 분실하였다고 하더니 결국 대출 전환 기간이 끝났다고 통보받았다. 이에 대출회사의 고객 서비스, 대출 서류 처리 지식에 대한 부실한 능력을 문제제기한 것이다.

사례 26은 대출 전환에 거절당해 항소하였으나 담당자의 능력에 불신, 대출회사에 여러 번 문제제기를 했으나 대출회사에서는 어떤 대응 없이 무시하여 소비자는 자신의 항소 서류가 제대로 접수되었는지에 대해 걱정하는 상황에 대한 사례이다.

사례 26. 대출회사의 Hamp 처리 능력에 대한 불신

I have filed appeals paperwork with my lender for HAMP Denial.
My servicer has not acknowledge dreceipt of the paperwork nor have contacted me. I have left several messages for my account manager and they have all been ignored.
The decline letter I received was dated XXXXXXXX, 2016 in which I was given 30 days to file an appeal. I am afraid that they will claim that they never received my paperwork for an appeal and, will close my case.

HAMP 거절에 대한 항소를 하였고 담당자가 소비자의 계약이나 서류 처리에 대해 잘 모르는 것 같아 여러 번 문제제기를 했지만 대출회사에서는 무시하고 있다. 대출회사에서 항소 서류를 못 받았다고 주장할까봐 걱정하고 있는 상태이다.

이 사례에서는 첫째 대출회사는 소비자의 어떤 문의에도 명확한 답변을 반드시 해야 한다. 더욱이 직접 대면 서비스를 제공하는 직원에 대한 소비자의 문제제기에 대해서는 빠른 시일 내에 대응하여 소비자의 불만족과 불안함을 감소시켜야 할 의무가 대출회사는 있다고 할 수 있다.

둘째, 대출회사에 대출 전환 서류 접수를 할 때 담당자가 소비자와의 계약 관계나 서류 처리에 대해 소비자에게 믿음을 주지 못한 문제는 매우 중요한 금융 서비스 문제로 대출회사는 빠르게 이에 대처해야 한다. 또한 관련 문제가 발생할 때를 대비하여 각 처리 과정에 대해 소비자에게 투명하게 공개되어야 할 것이다.

이 같은 문제를 통해 금융 거래에 대한 각 단계별로 소비자는 매우 민감하게 반응할 수 있기 때문에 각 과정이 어떻게 처리되고 어떤 기준에 의해 결과가 도출되는 지에 대해 투명하고 명확하게 공개되어 처리되어야 할 것이다. 또한 소비자가 결과에 대해 문제제기할 경우 해당 담당자와 결과 처리에 대한 이유를 소비자가 납득할 수 있도록 설명되어야 할 서비스가 대출회사에서는 이루어져야 할 것이다.

② 대출회사의 서류 제출 마감 기간 통보 없어 소비자에게 불이익이 간 경우

아래의 사례는 소비자에게 부족한 서류를 요청한 날에 서류 마감이 되었다며 주택 판매 일정으로 넘긴 사례로 소비자가 요청한 서류를 바로 보냈는데도 불구하고 서류 마감이 되어 주택에 압류 및 판매가 되어 황당하기까지 한 경우이다.

따라서 이 사례에서 유추할 수 있는 소비자피해 예방 방법은 서류 마감 기한에 대해 대출회사는 소비자에게 해당 기간과 마감일 및 시간을 정확하게 인지시켜야 하며 미흡한 서류가 발생할 경우 보강 기간을 안전하게 확보하여 소비자가 대처할 수 있도록 해야 할 것이다.

사례 27. 서류 제출기간 마감으로 주택 판매

I submitted a package to Capital *** for foreclosure alternatives on XXXX/XXXX/2016 and continued to fax documents that were being requested. At several times, my file was in review and on XXXX/XXXX/2016 I was asked to re-fax certain documents that they claim were not received. I faxed those documents that same day and today when following up, I am informed that my file has been closed and they will not review me for another modification and will be proceeding with the sale in 13 days.

팩스로 서류를 보냈으나 대출회사에서 부족한 서류 요청을 받은 날 바로 서류 마감이 되었다고 하여 결국 서류 마감이 되어 전환대출에서 소비자의 서류 검토가 이루어지지 않고 소비자의 주택 판매에 들어가게 된 상태이다

③ 대출전환 심사 시 잘못된 서류로 이용한 문제

대출회사에서 적합하지 않은 자료(기간 외 이전 소득 수치를 이용)로 대출 전환 평가를 하여 재심의 요청을 하려고 하나 이에 대한 방법 등의 정보를 소비자가 얻지 못한 사례이다. 이 사례에서 짚을 수 있는 문제점은 대출회사의 실수로 인해 재심의가 필요한 경우 소비자가 할 수 있는 절차와 방법 등의 구체적인 정보를 정확하게 제시하여 불이익을 당하지 않게 해야 한다는 것이다.

사례 28. 잘못된 소득 서류 이용한 Loan modification 심사 문제

W** used incorrect and outdated income figure to calculate loan modification, only reducing my mortgage by {$120.00}, which is put on backen of the loan, due when loan is paid in full. I was not informed of my right to deny loan and re-apply using corrected income. I have applied for reconsideration, wrote many letters requesting they reduce my interest rate to 2% from it's current 4.25%, which is the same interest rate I had on previous loan. Unfortunately my income has been reduced so much this year.

대출회사가 예전의 소득 수치로 대출 전환 평가를 하여 이자율이 감소되지 않았다. 정확하지 않은 소득 이용에 대한 문제제기에서 소비자가 할 수 있는 권리 등에 대한 정보가 없는 상태이며 현재 정확한 소득 수치를 이용하여 재심의 요청과 이자율 감소 부분에 대한 재심의 요청한 상태이다.

④ 전환대출 지원 정보 제공의 문제

소비자가 대출 연체로 HAMP 프로그램에 지원하면서 어려움을 겪을 때 도움을 요청할 곳이 없다는 문제이다. 소비자들의 주택 대출 어려움을 해소시킬 수 있는 프로그램 운영을 할 때 해당 프로그램에 접수가 쉽도록 신청 조건부터 접수에 필요한 서류 및 단계별로 소비자가 해야 할 일과 확인 사항 등에 대해 쉽고 상세하게 가이드를 제공하는 서비스를 대출회사가 할 수 있어야 할 것이다.

사례 29. HAMP 접수 시 도움 주지 않는 대출회사

I am going to financial difficulties. I have lost my lender, W** Bank, to modify my loan under the Hamp program. I have submitted my documentation several times yet have not gotten any results. My loan originated with world savings bank which was later acquired by Wachovia and transfers to W** Bank. This loan is adjustable-rate mortgage PICK-A-PAYMENT type loan. my payment changes all the time and I'm having a really difficult time keeping up with such a high mortgage. I find myself often falling behind and most certainly falling behind on property taxes. I know I am eligible for the government's Hamp program. However I am not getting any help. Please help me with this.

대출사가 여러 번 바뀌며 대출의 변동 이자율과 PICK-A-PAYMENT 타입의 대출로 인해 연체 문제가 심각한 상태이다. 전환대출 신청을 했으나 결과가 좋지 못했고 지금 HAMP 자격이 됨을 알게 되었나 도움을 받을 곳이 없어 힘든 상태이다.

⑤ 이중추적(dual tracking, 채무조정 신청 중 중복으로 압류 등을 한 경우)

소비자가 이중추적이라고 주장한 사례는 모기지론 상담 중 많았다. 즉 아래의 사례처럼 전환대출 검토 과정 단계나 전환대출 서류 접수를 지연시키며 압류나 주택 판매를 시도하는 경우도 많았으며 압류, 주택 판매 등의 주택 처리를 동시에 여러 가지로 추진하여 소비자들에게 압박을 시도한 경우들이 많았다.

사례 30. 전환대출 추가 서류 거부하고 압류로 이중추적(dual tracking)

I requested a modification to Select portfolio on XX/XX/2016 attached you will find out the application with the supporting document but they had me in a dual track and now they said they do not have any application at all and had my home in foreclosure I had a complaint throe ambundsam consumer and i had no response at all over the pone they said that i will be receiving a payment plan and today they said there is nothing on file and there is no record of calls this company is been doing this to me fore the last 3 years and do not care about home owners bill of rights a list to review my financial information to have the opportunity to safe my home this collection agency refuses to validate the debt i need your help to save my home

추가 서류로 대출 전환 서류 수정을 요청했으나 압류로 이중추적을 한 상태이다. 대출회사에서는 대출 전환 적용과 지불 계획 등에 대한 답변은 없고 집 주인 보호를 할 수 없다고 하고 있다.

아래의 사례는 소비자의 주택에 압류와 주택 세일이 동시에 들어와 소비자가 직접 미연방정부기관에 문제제기를 한 사례이다. 소비자는 주택을 지키고 대출을 갚을 수 있는 대출조정 지원 서비스를 원하지만 대출회사는 별다른 대응 없이 주택을 판매 처리하는 절차만을 고려하는 것으로 보이는 사례이다.

사례 31. 채무조정프로그램 신청 중 대출회사에서 압류 통보

I want to report W** Mortgage/ASC for foreclosure fraud, modification abuse and dual tracking violations. I NEVER received a NOD stating that I had 90 days to cure the default which is required by the state of California. An NOD was never recorded in public records. I called W** last week regarding my loan and there was no sale date on my property. W** had not followed the California foreclosure laws. I want to file a massive law suit against W** for a slew of violations, unfair business practices and abuse. My wife and I have the means to pay and we also suffered a compelling hardship to justify why this loan got behind in the first place. I would like CFPB to please intervene and stop the illegal foreclosure process and sale by W** on XXXX XXXX 2016. I want assistance to cure my delinquent mortgage by a loan modification or repayment plan.

W**가 이중추적(dual tracking)으로 압류와 주택 sale 과정에 있는데 이는 불법이므로 소비자는 정부 당국이 개입하여 압류와 주택 sale을 멈추고 대출 구제 지원을 바라고 있다. W**는 주 정부의 압류 법을 따르지 않고 불공정한 영업 행동과 남용 등의 다량의 위반을 하고 있다.

(3) 전환대출 프로그램 참여하지 않은 대출회사 문제

미연방 정부의 전환대출 프로그램은 대출회사들의 자발적 참여로 이루어지고 있다. 대출회사의 자발적 참여 여부에 따라 소비자가 전환대출 조건이 되지만 전환대출 프로그램에 신청 여부가 달라지는 문제가 발생되는 것이다.

사례 32는 전환대출에 신청할 수 있다며 대출회사가 소비자에게 연체를 유도하였으나 명시적 대출회사가 전환대출 프로그램에 참여하지 않아 발생한 소비자 문제이다.

사례 32. 대출전환 프로그램에 참여하고 있지 않은 대출회사

My loan is serviced by XXXX but the owner of the note is ** Bank, ++ bank as trustee for XXXX XXXX XXXX XXXX. All along, XXXX states to me to send in a modification package then 5 days later they say sorry the owner of the loan does not participate in loan modifications at all. Im so sorry I know I am XXXX and do not speak english good but there is laws in California regarding they need to review my financial situation and give me options to foreclosure, they say to me pay off the loan, that is your option. XXXX is stationed in XXXX and owner of the loan does not participate in modification, so theses people are allowed to not comply with California laws. This is unfair that the owner of the note hire XXXX (a complany in XXXX) to tll us Californians sorry you and your family are going to be homeless. I want to pay my mortgage I have ability to pay, please help me to stop the owner of the note from hiding behind XXXX and not complying with Ca laws.

대출 서비스 은행에서 전환대출에 참여할 수 있다고 대출 연체를 권유하여 소비자가 지불금을 납부하지 않았는데, 명시적 대출회사는 대출 전환에 참여하고 있지 않은 상태이다. 대출회사는 집을 잃게 될 것이라고 하고 있고 소비자는 대출금을 지불하여 해결하고 싶어 한다.

이같은 문제를 예방하기 위해서는 첫째, 대출 상품을 취급하는 대출회사의 전환대출 프로그램 참여를 높일 수 있도록 미연방 정부가 더 노력해야 할 것이며, 둘째, 대출회사가 소비자에게 전환대출에 대해 가이드할 때 해당 상황에 대한 명시적인 서류를 통해 소비자가 확인할 수 있도록 해야 할 것이다. 마지막으로 소비자의 신용 관리 능력 향상을 위한 교육 등의 부채 관리 능력 향상을 위한 소비자 지원이 같이 이루어져야 할 것이다.

제 6 장

미국 모기지론 채무조정 관련 법제 변화

CHAPTER 06

미국 모기지론 채무조정 관련 법제 변화

1. 한시적 모기론 채무조정 프로그램(HAMP) 관련 주요 판례

1) 판례 1 : 뱅크 오브 아메리카 HAMP 소송(집단소송)

In re Bank of Am. Home Affordable Modification Program (HAMP) Contract Litig., 2011 U.S. Dist. LEXIS 72079, 2011 WL 2637222 (D. Mass. July 6, 2011)

이 판결문은 몇몇 개별 모기지론 대출자가 피고인 뱅크 오브 아메리카와 그 자회사인 BAC Home Loans Servicing, LP 상대로 제기한 집단 소송 건이다. 원고들은 피고가 부적절하게 HAMP를 운용했다고 주장했으며 구체적 법적 소송 근거로는 계약 위반, 관습법(민법)에 의거한 불법 행위, 주법에 따른 소비자 보호 규약 위반 및 신용 기회 균등법 위반을 명시했다.

판결문에 나오는 HAMP 관련 사실 관계는 다음과 같다.

(1) HAMP 관련 사실 관계

2008년 10월 뱅크 오브 아메리카는 미국 정부로부터 부실자산 구제 제도("TARP")의 일환으로 150억 달러를 받아들였다. 이어 2009년 1월에는 메릴린치 앤드 컴퍼니 주식회사의 인수 합병으로 추가 100억 달러의 TARP자금을, 그리고 대출 관련 자산(1,118억 달러 가치) 손실에 대해 부분적 보증을 받았다. 2009년 4월, 피고는 HAMP에 참여하여 자격이 되는 일정 대출회사들에게 주택 담보 대출 수정 및 차압의 대안을 제공하는 대가로 미재무부로부터 인센티브를 받기로 합의했다.

이 프로그램의 일환으로 피고는 각 원고와, 기존 채권 및 주택담보대출의 임시 시행 조정(temporary trial modification)을 위한 표준 협정을 맺었다. 약속된 내용은 각 임시적 채무조정시행계획("temporary trial period plan", 이하 TPP) 기간 동안 만약 대출인이 표준 계약서 조건을 준수하고 대출을 수정해 준 구체적 근거로 삼은 대출회사의 진술이 모든 실질적인 면에서 크게 변하지 않는다면 대출 조건을 영구히 조정 받을 수 있다는 것이 그 주 내용이었다.

채무조정시행계획(TPP)에 따르면 대출자는, 적격성 확인 기간 동안, 대출자가 제출한 금융 문서에 근거해서 결정으로 낮추어진 대출 지불 금액을 납입하게 되어 있었다. 또한 기탁 계정(escrow account)을 열고, 추가적인 재정 서류를 제출, 신용 관리 상담을 받는 조건 등이 요구 될 수 있었다. 적격성 확인의 시행 기간은 3개월이었다. 대출자가 TPP 조건들을 준수하는 한 그리고 대출자의 수입이 확인되는 한, 피고는 채무조정시행계획(TPP)의 조건에 따라 대출자에게 영구적인 수정을 3개월 간의 시험 기간이 끝나면 제공해 주게 되어 있었다.

이 사건의 원고는 피고와 TPP 계약을 체결한 주택 소유자들이며 이와 비슷한 상황해 처한 주택담보대출자들을 대표한다고 주장한다. 원고는 채무조정시행계획(TPP)이 구속력 있는 계약이라고 주장하며 이에 따라 주택담보융자를 받은 사람들이 3개월 시험 기간 동안 모든 계약조건을 준수하는 한 피고는 각 원고에게 영구융자수정을 제공하는 것이 의무라고 주장했다. 원고는 계약조건을 충실히 이행하였고 자격이 되었음에도 불구하고, 피고인은 영구 [담보금액] 조정을 허용하지 않거나 또는 원고의 담보조정신청에 대한 어떠한 회신도 주지 않았다.

(2) 법원결정

법원은 궁극적으로, (1) 원고의 일정 집단소송(class action)에 관한 주장(채무조정시행계획(TPP)에 참여하지는 못했으나 피고에게 주택 담보 대출을 받았으면 이 사건에 있어 집단 소송

원고로 인정되어야 한다는 주장)과 (2) 신용 기회 균등법(Equal Credit Opportunity Act) 위반에 관한 내용을 제외한 다른 부분—즉, 계약 위반, 관습법(민법)에 의거한 불법 행위, 주법에 따른 소비자 보호 규약 위반—에 있어서는, 사실적 근거가 충분히 있다고 판단되기에 피고의 기각신청(motion to dismiss)을 인정할 수 없다고 원고에게 유리한 결정을 내렸다. 이후 집단소송 집단적격 확인(class certification)에 관한 부분 외에는 이 사건에 있어서 또 다른 결정문이 없는 것을 보면 결국 해결됐던 것으로 보인다.

2) 판례 2: 아즈베도 대 US 뱅크 N.A 사건

Azevedo v. U.S. Bank N.A., United States District Court for the District of Massachusetts, March 9, 2016, Decided; March 9, 2016, Filed, Civil Action No. 15-cv-11758-ADB

(1) 사실관계

아즈베도(Azevedo)는 2005년 6월 10일에 주택을 구매하면서 Argent Mortgage Company LLC.로부터 모기지론을 받았는데 월소득이 4,000달러임에도 불구하고 월부채상환금이 2,900달러로 계약을 하였다.

Argent 회사는 2005년 6월 10일 모기지론을 U.S. Bank N.A.에 넘겼다. 아즈베도는 모기지론을 팔아넘긴 행위가 사기라고 간주하고 부채상환을 하지 않았다. 2010년 아즈베도는 모기지론 채무조정을 신청하였다. 채무조정 이후에도 채무상환부담규모가 부적절함에도 불구하고 채무조정 계약을 체결하였고 2011년 이자율이 상승하면서 채무상환을 하지 못하게 되었다. 2014년 채무조정 신청을 하였으나 무산되었고 2014년 5월 파산보호를 신청하였다. 원고가 제기한 법적 문제는 첫째, 첫 번째 대출이 약탈적 대출이라는 점으로 M.G.L. 법 c. 93A(Massachusetts General Law C. 93A) 위반이라는 점 둘째, 권리 없이 불법적으로 부채를 다른 대출회사로 넘긴 점, 셋째, 채무조정 과정에서 감당할 수 없는 것임에도 불구하고 선의의 의무조항을 위반한 점을 제기하였다.

(2) 법원결정

본원의 대출이 약탈적 대출이라는 주장은 원고인 U.S. Bank가 대상이 될 수 없으며, 소송시효를 넘겼기 때문에 인정되지 않았다. 보고하지 않은 채로 대출을 다른 회사로 넘긴 것이 사기라는 주장에 대해서는 공증되거나 보고되지 않더라도 유효한 계약이 유지될 경우 사기라고 볼 수 없기 때문에 인정되지 않았다. 마지막으로 선의의 의무 위반에 대해서 대출회사가 반드시 채무조정을 제공할 의무가 없기 때문에 선의의 의무에 해당하지 않는다고 인정되지 않았다. 결론적으로 피고의 기각 결정이 인정되었다.

3) 판례 3: 서클리프 대 웰스파고 은행 N.A. 사건(집단소송)

Sutcliffe v. Wells Fargo Bank N.A. United States District Court for the District of California, March 9, 2012, Decided; March 9, 2012, Filed, Case No. C－11－06595 JCS

(1) 사실관계

원고는 피고인 Wells Fargo 은행을 상대로 집단소송을 제기하였다. 원고들은 Wells Fargo 은행이 영구적인 채무조정을 제공할 의사가 없이 압류에 직면한 모기지론 대출인에게 환상에 불과한 trial loan modification program(TPP)을 제공하겠다고 주장하였다. Wells Fargo가 사기적이고 불공정하며 비양심적인 채권추심관행을 하였다고 원고는 주장하였다.

(2) 법원결정

피고의 기격 결정 내용은 인정되 부분도 있었지만 인정되지 않은 부분도 있었다. 원고의 캘리포니아 불공정행위법(UCL) 위반 주장은 공정채권추심관행법(Fair Debt Collection Practices Act, FDCPA)의 위반 주장과 관련되기 때문에 기각되었고, 원고의 계약위반 주장은 원고가 인지할만한 피해를 입증하지 못했기 때문에 기각되었다. 원고가 주장한 폐지/보상 주장은 논의할 가치가 없는 것이기 때문에 기각되었다. 그러나 그 외 피고의 주장은 인정되지 않았다.

4) 판례 4: 코르벨로 대 웰스파고 소송(집단소송)

Corvello v. Wells Fargo Bank NA, United States Court of Appeals fornthe Ninth Circuit, March 30, 2013, August 8, 2013, Filed, Case No. 11－16234, No. 11－16242

(1) 사실관계

HAMP(Home Affordable Modification Program)와 관련하여, 은행이 대출인에게 채무조

정시행계획(TPP)의 필수요건을 수행한 후에는 영구적인 모기지론 조정을 제공할 의무가 있다. 이 소송의 주요문제는 피고가 채무조정시행계획(TPP)을 준수한 후 영구적 채무조정을 반드시 제공해야 하는 것에 대한 것이다.

1심 법원은 은행이 채무조정시행계획(TPP)에 의해 요구된 채무상환을 수용하고 유지했다는 기록이 있지만 영구적인 조정을 제공하지 않았고 대출인에게 이를 알리지도 않았을 때 대출인의 불만을 기각하지 말아야 했다고 하였다. 은행은 부수적인 trial payment와 함께 채무조정시행계획(TPP)을 제공했을 때 부채 모집행위에 관여하였다. 은행의 항변(대출인이 자격미달이었다는 점)은 소송기각 단계에서 해결될 사실적 논지를 제공하지 못했다.

(2) 법원결정

1심 결정은 번복되었고 소송은 다음 단계로 넘어갔다. 2016년 법원결정은 첫째, 집단소송에서 공동의 동의는 부분적으로만 인정되었다. 둘째, 채무자의 영구적 채무조정 자격이 없으려면 채무조정시행계획(TPP)을 실행하지 않거나 문서를 제공하지 않아야 한다. 셋째, 채무자에게 영구적 채무조정을 제공하지 않을 경우 3개월 이내 거부사실을 통보해야 한다. 따라서 채무자에게 Wells Fargo 은행은 영구적 채무조정을 제공해야 한다고 결정하였다.

5) 판례 5: 쿡시 대 Select Portfolio Servicing 회사 소송

Cooksey v. Select Portfolio Servicing, Inc. **United States District Court for the District of California, September 17, 2014, Decided; September, 18, 2014, Filed, No. 2;14-cv-1237 KJM KJN**

(1) 사실관계

Cooksey는 2012년 2월 BANA(Bank of America NA)에게 채무조정을 요청했고 그들은 HAMP 신청서를 2012년 2월, 6월, 9월에 제출하였다. 그러나 BANA 담당자는 신청건들에 대한 응답을 전혀 하지 않았다. 2012년 9월 26일자 통지서에 BANA는 원고에게 2012년 10월 15일로 대출기관을 SPS로 이전한다고 통보하였다. BANA의 담당자는 원고에게 채무조정 관련 모든 서류들은 SPS로 이전될 것이라고 말했지만 SPS는 9월 4일자 채무조정 신청에 대하여 답변하지 않았다.

2012년 11월 13일 원고는 SPS에게 채무조정신청서를 제출하였고 2012년 12월 14일에 SPS는 신청서에서 서류가 누락되었다고 응답하였다. 원고는 2013년 3월 11일 새로운 채무조정 신청서를 제출하였다. SPS 대표는 그들에게 HAMP 1기 조정대상자로 인정되어 월 채무상환금을 2,247.50달러로 조정하였다고 말했다. 원고는 채무조정시행계획(TPP)에 관한 서류를 전혀 받지 못했다. 2014년 4월 29일 원고는 수탁자매각(Trustee Sale) 통보를 받았고 5월 22일 주택 판매가 결정되었다.

이에 원고는 첫째, Equal Credit Opportunity Act 15, U.S.C. §1691(d)의 위반. 둘째, 주택소유자의 권리법(*Bill of Rights, Cal. Civ. Code. §2924.12(HBOR)*) 위반, 셋째, 캘리포니아의 불공정경쟁법(Unfair Competition Law, *Cal. Bus.& Prof. Code. §§17200.et seq ECF No.*) 위반을 주장하였다.

(2) 법원결정

BANA의 기각결정(ECF No.20)은 원고의 대전제로서 채무조정을 위한 2013년 9월에 대한 주장에 한해서는 수정을 허가하지 않는 전제로 수용되었으며 BANA가 HBOR(주택소유자의 권리법) 위반에 책임있다는 주장을 수정할 것을 허가하면서 수용되었다. 원고의 수정된 불만은 21일 기한 내에 제출되어야 한다. 원고의 예비 명령 결정은 침해 없이 기각되었다.

쟁점이었던 HBOR법의 소급 적용은 인정되지 않았다.

2. 연방정부 모기지론 채무조정 관련 법률: 부동산 청산 절차법 (Real Estate Settlement Procedures Act, RESPA)

미국 연방정부 차원에서 모기지론 서비스에 관한 규정은 모기지론 청산 절차법(이하, RESPA법)이 있다. 연방 정부 법은 엄격하게 대출자가 채무조정 또는 다른 손실완화옵션(loss mitigation options)을 신청 또는 실행 중에 있을 때 대출자에게 압류를 하는 행위인 “이중추적”(dual tracking)을 하지 못하도록 제한하고 있으며 압류 위기에 처한 주택소유자에게 손실완화옵션을 선택할 수 있는 기회를 제공하고 있다. 이러한 규제가 제정된 배경에는 서브프라임 모기지론 사태로 인한 금융위기를 들 수 있다. 서브프라임 모기지론 사태 위기 동안 대출자가 주택소유자에게 채무조정이나 다른 워크아웃 대안(옵션)에 대하여 협상하는 동안 압류를 추진하는 현상이 전형적이었다는 점이다. 대부분의 사례에서 주택소유자는 빨리 처리되는 것이 어떤 것이든 처리하게 되었는데 그 결과 일반적으로 압류를 하게 되었고 결국 주택을 잃게 되었다. 이중추적이라고 불리는 이러한 관행 때문에 많은 주택소유자들이 채무조정이 곧 채결되리라 기대했던 경우에도 주택을 잃게 되어 충격을 받았다.

도드–프랭크 월스트리트 개혁 및 소비자보호법 2010(the Dodd–Frank Wall Street Reform and Consumer Protection Act of 2010)에 의해 설립된 미국 금융소비자보호국(CFPB, Consumer Financial Protection Bureau)이 모기지론 규제(mortgage servicing rules)를 위해 모기지론 청산 절차법(Real Estate Settlement Procedures Act, 이하 RESPA)을 입법 예고한 후 2014년 1월 10일에 실행하기 시작하였으며 2019년 개정하였다. RESPA의 1024.41조는 이중추적을 포함한 모기지론 손실완화(loss mitigation) 절차를 구체적으로 규정하고 있으며 이를 도식화하면 아래의 그림과 같다.

첫 번째 단계는 RESPA 6(f) 규정(12USC 2605(f))에 따라 대출자가 대출서비스 제공자에게 '손실완화'옵션을 신청하는 단계이다. 대출서비스 제공자는 대출자에게 특정의 손실완화 옵션을 제공할 의무를 지지 않는다. 대출서비스 제공자는 대출자에게 손실완화 신청을 제출할 기회를 일정 기간 동안 제공하여야 한다. 또한 대출자는 대출자가 손실완화 신청서 제출을 완료하고 신청이 지연되는 동안에도 압류를 시작할 수 없다. 따라서 대출서비스 제공자는 대출자에게 어떠한 손실완화옵션이 해당되지 않음을 알게 한 후에야 압류를 시작할 수 있다

손실완화 신청을 접수한다는 것은 최종적으로 '완전한 손실완화 신청'을 목표로 하는 것이고 대출서비스 제공자는 손실완화 신청서를 작성하기 위해 문서와 정보를 제공하는 데 있어서 합당한 노력을 해야 한다. 대출서비스 제공자가 압류매각 45일 이상 이전에 손실완화 신청서를 받은 경우 즉시 검토하여 손실완화 신청이 접수되었는지 확인하고 5 영업일 이내에 서면으로 접수 확인 사실을 통보해야 한다. 통보 시에는 접수가 완전한지 불완전한지 여부를 알려야 하며 불완전한 접수일 경우 추가 문서와 정보, 그

리고 제출 기한을 명시해야 한다.

손실완화 절차(2013 RESPA 서비스 최종 규칙 §1024.41)에 따르면 대출서비스 제공자는 대출자의 주 거주지(주정부)에서 담보로 확보한 모기지론에 대해 지정된 손실완화절차를 따라야 한다. 대출자가 손실완화옵션에 따라 신청서를 제출한 경우, 서비스 제공자는 일반적으로 5일 이내에 신청서 수령 여부와 신청서가 완료되었는지 여부를 서면으로 대출자에게 알려야 하며, 그렇지 않은 경우 이를 완료하는 데 필요한 정보가 무엇인지 알려야 한다. 동 규칙은 앞 절에서 살펴본 모기지론 채무조정 소비자문제 유형 가운데 채무조정 통보시스템의 부재 문제를 해소하는 대책이다.

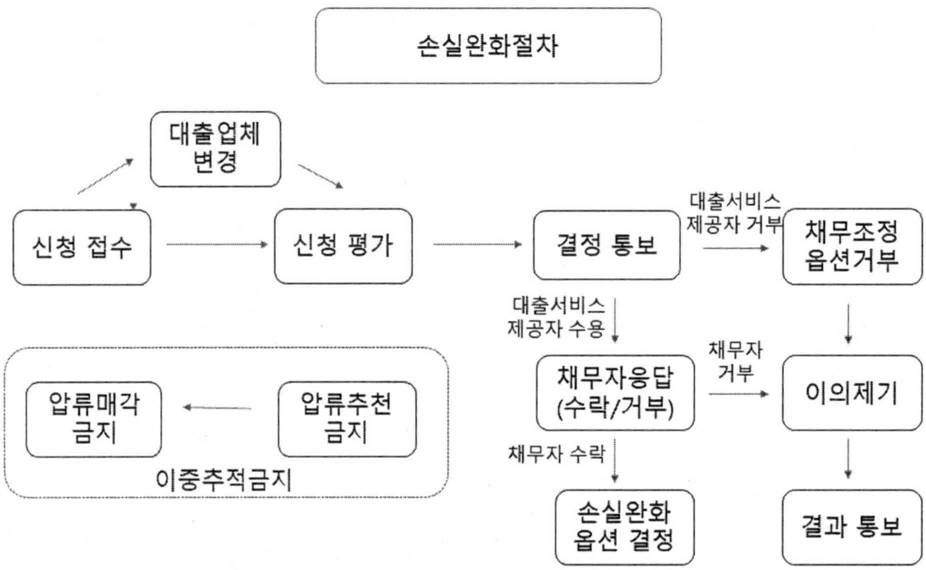

[그림 6-1] 미국 RESPA 손실완화절차(RESPA § 1024.41)

다음 단계는 손실완화 신청에 대한 평가(§ 1024.41(c)이다. 주택 압류매각 37일 이전까지 '완전한 손실완화신청'이 접수되었다면 대출서비스 제공자는 투자자의 적격성 규칙에 따라 대출자에게 가능한 모든 손실 완화옵션에 대해 30일 이내에 대출자를 평가해야 하고 대출서비스 제공자는 이를 회피해서는 안 된다. 평가에 포함되는 내용에는 대출자가 채무조정제도와 같이 주택을 보유할 수 있는 옵션과 공매도와 같이 주택을 유지할 수 없는 옵션을 모두 포함해야 한다. 대출서비스 제공자는 대출서비스 투자자가 설정한 절차를 따라 특정 손실 완화 옵션에 대한 적격성을 결정할 수 있으며 대출자에게 서면 결정을 제공해야 한다. 접수 완료된 손실완화 신청이 불완전할 경우 추가의 관련 문서나 정보를 요구할 수 있다. 대출서비스 제공자는 불완전한 손실완화 신청의 평가를 기초로 '단기 상환연기 프로그램 또는 단기상환계획'을 제공할 수 있다. 만약 대출자가 불완전한 손실완화 신청을 보완하기 위해 요구된 추가 문서와 정보를 합리적인 시간 안에, 즉 압류매각 37일 전까지 제출 완료하여 완전한 손실완화신청이 서면으로 통지되면 완전한 손실완화 신청으로 간주되어 평가를 받는다. 만약 대출서비스 제공자는 대출자가 통제할 수 없는 정보를 확보할 수 없어 추가문서나 정보 제출이 지연된 경우에 부족하다는 이유만으로 완전한 손실완화 신청을 거부할 수 없다. 단 예외적으로 대출서비스 제공자가 필요한 정보를 얻기 위해 정보 부족으로 인한 손실 완화 옵션 평가불능 또는 평가 거부 통보 후 30일이 지나 합당한 노력을 기울였으나 상당기간 동안 해당문서나 정보를 얻을 수 없을 때는 손실완화 신청을 거부할 수 있다. 이는 앞 절에서 살펴본 소비자문제의 유형 '거부의 근거에 대한 설명의 부재' 문제를 해소할 수 있는 대책이다.

다음 단계는 손실 완화 옵션의 결정인데 손실완화 신청이 거부되는 경우가 문제가 된다. 손실완화 신청이 거부될 경우 모기지론의 소유자 또는 양수인(대출업체 변경)은 대출자의 채무조정옵션 신청을 거부하면 거부 이유 및 거부의 근거가 되는 범위까지 포함하여 설명해야 한다. 대출자는 완전한 손실완화 신청서가 예정된 압류매각 90일 이상 전에 접수되어 있는 한 채무조정 프로그램 거부에 대해 14일 이내에 이의제기를 할 수 있다(RESPA §1024.41, (h)). 이러한 이의제기는 대출자의 완전한 손실완화 신청을 평가할 책임이 있는 사람과 제3자가 검토해야 한다. 대출자가 이의제기를 한 후 30일 이내에 대출서비스 제공자는 이의제기 결과를 대출자에게 통보해야 한다.

반면 대출서비스 제공자도 대출자에게 손실 완화 옵션을 제공한 후 14일 이내에, 압류매각 전 90일 이내 또는 37일 전까지 완전한 손실완화 신청이 완료된 경우라면 대출자에게 제안된 손실완화옵션에 대한 수락 또는 거부를 요구할 수 있다(RESPA §1024.41, (e)). 대출자가 제안 받은 손실 완화 옵션을 거부한 경우 이의제기를 할 수 있으며 14일까지 기한이 연장된다.

대출서비스 제공자와 대출자간의 정보제공 시스템의 부재 및 소통의 어려움을 해결하기 위한 규정을 좀 더 찾아 볼 수 있다. RESPA법에 규정된 모기지론 서비스 최종 규칙에 의하면 연체된 대출자와의 소통이 지속적으로 이루어져야 한다. 이 규정은 앞 절에서 살펴본 모기지론 채무조정 관련 소비자문제 유형 가운데 대출회사와 대출자간의 소통 문제에 대한 대책이다. 대출서비스 제공자는 연체 대출자에게 손실 완화 옵션을 지원하기 위해 직원에게 접근 권한을 제공할 수 있도록 합리적인 정책과 절차를 유지해야 한다. 대출서비스 제공자가 조기 개입 요구 사항에서 요구하는 서면 통지를 대출자에게 제공할 때까지 해야 하지만 압류 전 45일까지 직원을 연체 대출자에게 배정하도록 정책 또는 절차를 마련해야 한다. 대출서비스 제공업자는 대출자가 손실 완화 신청 상태 및 해당 일정에 대해 대출자에게 조언하는 것을 포함하여 대출자가 손실 완화 옵션을 추구하는 데 도움을 주기 위해 전화로 대출자와 연락할 수 있어야 한다. 대출자는 대출서비스 제공자에게 제공 한 모든 정보에 액세스할 수 있어야 하며 손실 완화 옵션에 대해 대출자를 평가할 책임이 있는 사람에게 해당 정보를 제공할 수 있어야 한다. RESPA 모기지론 서비스 최종 규칙에서는 연체 대출자에 대한 조기 개입을 규정하고 있다. 대출서비스 제공자는 연체 36일까지 대출자와 실시간 접촉을 설정하거나 성실하게 접촉하도록 노력해야 하며 대출자에게 손실 완화 옵션을 이용할 수 있음을 즉시 알려야 한다. 대출서비스 제공자는 대출자의 연체 45일까지 손실 완화 옵션에 대한 정보가 담긴 서면 통지를 대출자에게 제공해야 한다.

이중추적에 대한 규제(RESPA §1024.41, (f)와 (g))를 살펴보면 압류추천 금지와 압류매각 금지가 있다. 대출서비스 제공자는 몇 가지 예외적인 경우를 제외하고 모든 사법적 또는 비사법적 압류절차, 즉 압류 최초 통지(압류추천)를 할 수 없다(RESPA §1024.41, (f)). 예외적인 경우는 첫째, 대출자가 120일 이상 연체한 경우, 둘째, 압류가 대출자의 매각 기한 위반인 경우, 셋째, 대출서비스 제공자가 상위 또는 하위 담보권자의 압류 조치에 참여하고 있을 때이다.

대출자가 압류 전 검토기간 또는 압류 최초 통지 전에 완전한 손실 완화 신청을 완료한 경우 대출서비스 제공자는 압류절차에 대한 통지를 할 수 없다. 단 예외적으로 첫째, 대출서비스 제공자가 대출자의 손실 완화 옵션 자격이 없으며 이의 제기 절차가 요청되지 않았거나 거부되었다는 통보를 한 경우, 둘째, 대출자가 대출서비스 제공자가 제공하는 모든 손실 완환 옵션을 거부할 경우, 셋째, 대출자가 손실 완화 옵션에 대한 계약을 이행하지 않을 경우 압류 추천이 허용된다. 만약 압류가 시작된 후 대출자가 손실완화신청서를 대출자에게 제출 완료한 경우에도 압류매각(경매나 공매)전 37일 이상이 남아있다면 대출서비스 제공자는 압류재판이나 매각명령으로 진행할 수 없다(RESPA. § 1024.41(g)). 소규모의 대출서비스 제공자의 경우에도 이중추적 금지 규정은 적용받는다(RESPA § 1024.41(j)).

모기지론이 양도되어 대출서비스 제공자가 변경될 경우에도 손실 완화 신청이 유효한 지에 대하여 손실 완화 신청을 받은 날짜가 양도일[1] 전인지 후인지에 따라 다르다. 양수인인 대출서비스 제공자는 손실 완화 신청이 만료되지 않은 상태로 모기지론을 취득한 경우 양수인은 양도일로부터 10일 영업일 이내에 통지를 해야 하고 앞의 규정을 준수해야 한다. 만약 양수인이 완전한 손실 완화 신청이 보류중인 모기지론을 취득한 경우 손실 완화 신청 평가 규정(§ 1024.41(c)과 이의제기 규정(§1024.41, (h))을 준수해야 한다.

3. 미국 캘리포니아 주 주택소유자 권리 법(Homeowner Bill of Rights, HBOR)[2]

캘리포니아 주택소유자 권리 법(이하 HBOR)은 캘리포니아 주택 소유자를 위한 공정한 대출 및 압류 관행을 보장하기 위해 2012년 7월 11일 제정되었으며 2013년 1월 1일에 시행되었다.[3] 이 법은 압류 과정에서 주택 소유자의 기본적인 공정성과 투명성을

---

1) 양도일은 §1024.33(b)(4)에 따라 대출 서비스 양도통지에 공개된 바와 같이 양수인이 모기지론과 관련된 지불을 받기 시작한 날짜이다.

2) The Homeowner Bill of Rights (SB 900/AB 278), California Civil Code Mortgages in General [CIV §2920－2944.10] https://codes.findlaw.com/ca/civil－code/civ－sect－2920.html

3) 캘리포니아, 네바다, 미네소타와 같은 몇몇의 주들은 압류의 이중 추적을 금지하는 주택소유자 권리법안을 통과시켰다. 콜로라도에서는 2015년 1월 1일부터 대출자가 대안에 대한 신청 중에 있거나 대출자가 채무조정과 같은 손실완화옵션을 수용하고 있을 때 압류매각을 중지시킬 수 있는 권한을 공적수탁자(public trustee, 콜로라도 압류를 관장하고 있는 기구)에게 주는 법률의 효력이 발생하였다.

보장하기 위해 제정되었다. 동법의 핵심적인 내용의 하나는 이중추적(dual tracking)에 의한 압류를 제한하는 것이다. 2019년 1월 1일에 개정된 내용을 중심으로 주요 내용을 파악하였다.[4)]

1) 캘리포니아 주택소유자권리 법의 주요 내용

주택소유자들이 주택을 보전할 수 있도록 '압류방지 옵션 제공 알림'을 의무화하였다. 대출서비스 담당자는 압류 절차를 시작하기 최소 30일 전에 대출자에게 연락하여 재정 상황을 논의하고 압류를 피하기 위한 옵션을 탐색해야 한다. 대출서비스 제공자는 주택이 있는 카운티에 불이행 통지를 기록하고 압류 절차를 시작할 수 있으며 영업일 기준 10일 이내에 사본을 보내야 한다. 불이행 통지를 기록한 후 5일 이내에 대출서비스 제공자는 일반적으로 이용 가능한 압류를 피하기 위한 옵션에 대한 정보를 대출자에게 제공해야 한다(Civil Code 2923.55, 2924.9).

대출서비스 제공자의 변경에 따른 채무조정 창구의 혼란 문제를 해소하고 서류 누락 등의 문제를 해결하기 위해 '단일 연락창구(a single point of contract) 보장'하고 있다. 주택 소유자는 시스템을 탐색하고 집을 지키려고 할 때 단일 연락창구를 보장받는다. 대출자가 채무조정 또는 기타 압류 방지 옵션을 요청하는 경우 대출서비스 제공자는 신청 요건 및 마감일을 안내할 수 있는 특정 사람 또는 팀을 지정해야 하며 신청의 사실 및 상태를 알고 있어야 하며 신청완료에 필요한 서류의 누락 여부 등 신청에 대한 결정을 내릴 수 있다(Civil Code 2923.7).

앞 절에서 모기지론 채무조정 관련 소비자문제 유형 가운데 신청완료에 대한 통보 시스템 부재 문제를 해결하기 위하여 '신청 확인'을 제도화하였다. 채무조정을 신청하는 경우에 대출서비스 제공자는 누락된 정보나 기타 오류 및 신청 완료 기한을 영업일 기준 5일 이내에 알려야 한다(Civil Code 2924.10). 대출서비스 제공자의 합리적인 기한 내

---

4) https://oag.ca.gov/hbor
최근 캘리포니아 법률 변경은 2018년 1월 1일에 일부 폐지된 캘리포니아 주택 소유자 권리 장전의 다양한 조항을 재현했다(SB 818, 2017−2018 Reg. 규정 (Cal. 2018)). 이와 관련하여 이전 민법에서 발견 된 이중 추적 금지(Civil Code § 2924.11)는 폐지되었지만 거의 동일한 금지가 §§ 2923.6 (c) et seq 에서 제정되었다. SB 818은 또한 대출자가 월 소득에 중대한 변화를 보일 수 있는 경우 모기지론 서비스제공업체가 여러 채무조정 신청을 처리하도록 요구하는 2018년 이전 법률과 동일하다. Civil Code § 2923.6 (g)와 § 2923.7에 관련 변경 사항이 없다.

에 필요한 모든 정보를 제출한 채무조정 신청서는 "완전"한 것으로 간주된다(Civil Code 2924.11). 대출서비스 제공자는 특정 압류 문서가 정확하고 완전하며 대출상태 및 대출서비스 제공자의 압류 권리에 대한 신뢰할 수 있는 증거로 뒷받침되는지 확인해야 한다(Civil Code 2924.17).

채무조정의 거부권리 규칙으로 대출서비스 제공자가 채무조정 신청을 거부하는 경우 그 이유를 명시하고 다른 가능한 압류 방지 옵션을 서면으로 확인해야 하며 거부에 대해 이의를 제기할 기회를 대출자에게 제공해야 한다. 채무조정 신청 이후 재정 상황에 중대한 변화가 있는 경우 새로운 채무조정 신청서를 제출할 수 있다(Civil Code 2923.6). 채무조정 기간에는 수수료가 부과되지 않는다. 대출서비스 제공자가 완료된 채무조정 신청에 대해 결정을 내리는 동안 그리고 대출자는 승인된 조정안에 따라 상환지급을 하는 동안이거나 거부가 항소되는 동안에는 연체료를 청구할 수 없다.

대출자는 새로운 압류 프로세스 보호의 "중요한 위반"에 대한 시정을 요청할 권한이 있다. 압류 매각 전에 금지 명령 구제를 받을 수 있으며 매각 후 손해 배상을 받을 수 있다(AB 278, SB 900). 세입자 권리 조항으로 압류 주택의 구매자는 퇴거 절차를 시작하기 최소 90일 전에 세입자에게 제공해야 한다. 임차인이 압류 매각에서 소유권을 이전하기 전에 계약 된 기간 임대를 체결한 경우, 소유자는 사기 임대를 방지하기 위한 예외가 적용된다는 것을 소유자가 증명할 수없는 경우 임대를 존중해야 한다(Code of Civil Procedure section 1161b). 대출서비스 제공자가 채무조정 또는 기타 압류 방지 대안을 승인한 다음 해당 모기지론을 다른 대출서비스제공자에게 매각하거나 양도하는 경우 새 대출서비스제공자는 해당 압류 방지 대안을 존중해야 한다(Civil Code 2924.11). 마지막으로 모기지론 관련 범죄 기소 시효가 1년에서 3년으로 연장되었다.

한편 HBOR 위반이 "중요한" 것이어야 한다. HBOR의 "비물질적" 위반에 근거한 소송과 관련하여 한 법원이 기각하고 있다. 2013년에 제정되었을 때 HBOR은 캘리포니아의 비사법적 압류 절차에 대해 완전히 새로운 규제 체제를 부과했다. 모기지론 대출기관과 서비스 기관이 HBOR의 엄격한 요구 사항을 위반한 경우 많은 대출자가 소송을 제기할 근거를 확인했다. 그러나 더 많은 HBOR 소송에서 법원은 "중요성" 요구 사항에 점점 더 초점을 맞추고 있다. HBOR의 위반 혐의가 발생했지만 "중요한" 것이 아니라면 법원은 그 소송을 기각할 것으로 보인다.[5] 다른 법원도 HBOR 위반 협의가 금전적 손해를 입히지 않으면 조치할 수 없다고 판결했다.[6] 따라서 최근 몇 년 동안 HBOR 위반 혐의는 대출자에게 경제적 피해를 입히거나 모기지론 대출서비스 제공자가 조치를 취하기 위해 채무조정 요청을 거부하는 경우가 해당된다.

2) 이중추적(dual tracking) 금지의 규정 검토

주택 소유자가 채무조정을 확보하기 위해 조정 중에 있는 경우 모기지론 서비스 제공 업체는 압류절차를 진행할 수 없다. 주택 소유자가 채무조정 신청을 완료하면 전체 신청이 완전히 검토 될 때까지 압류 절차가 기본적으로 일시 중지된다. 승인 된 채무조정, 상환 계획 또는 기타 압류 방지 옵션의 조건을 준수하는 동안에는 압류할 수 없다(Civil Code 2923.6 2924.11).

2019년 1월 1일부터 새로이 개정된 법령(Civil Code § 2923.6(c)) 채무조정신청에 대한 이 5일 제한이 포함되었다. 대출자가 예정된 압류 매각 최소 5 영업일 전에 모기지론 서비스 제공자가 제공하거나 이를 통해 제공하는 첫 번째 담보 채무조정에 대한 완전한 신청서를 제출하는 경우 모기지론 제공자, 모기지론 수탁자, 수혜자 또는 권한 있는 대리인은 기록하지 않아야 한다. 채무 불이행 통지 또는 매각 통지 또는 수탁자의 매각을 수행하는 동안 완전한 첫 선취권 채무조정 신청은 보류 상태가 된다.

여기서 중요한 것은 채무조정 신청이 '완료가 된 이후'에야 압류가 중지된다는 점이다. 신청완료에 대한 명확한 법 규정은 없지만 신청 시 대출자가 모기지론 서비스 제공자에게 필요한 모든 문서를 모기지론 서비스 제공자에게 제공한 경우 '완료'된 것으로 간주된다. 법령에 구체적인 정의가 없음에도 불구하고, 캘리포니아 법원은 HBOR 맥락에서 "완전한 신청"을 구성하는 요건에 대한 요건을 점점 더 강화하고 강화했다. 지난 몇 년 동안 법원은 대출자가 단순히 신청서가 완료되었다고 말하는 것만으로는 충

5) Shupe 대 Nationstar Mortg. LLC, 231 F. Supp. 3d 597, 603 (ED Cal. 2017); Cardenas v. Caliber Home Loans, Inc., 281 F. Supp. 3d 862, 869−70 (ND Cal. 2017); Cornejo v. Ocwen Loan Servicing, LLC, 151 F. Supp. 3d 1102, 1113 (ED Cal. 2015); Rockridge Trust v. Wells Fargo, NA., 2014 US LEXIS 22234, 78−79 (ND Cal. 2014년 2월 19일) 참조.

6) Heflebower v. JPMorgan Chase Bank, NA, 2014 US Dist. LEXIS 29777 (ED Cal. 2014년 3월 3일); Colbert v. Sage Point Lender Servs., LLC, 2014 미국 Dist. LEXIS 178468, at 15 (ED Cal. 2014년 12월 29일).

분하지 않다고 판결했다.[7] 대신 법원은 "완전성"을 보여주기 위해 대출 기관이 신청이 완료되었다는 데 동의했음을 대출자에게 입증하도록 요구하고 있다.[8] 따라서 HBOR의 맥락에서 대출자는 신청이 "완전한"시기를 판단할 수 없으므로 단순히 '완전한' 신청서를 제출했다고 주장함으로써 일방적으로 이중 추적 금지를 부과합니다. 신청은 모기지론 대출 기관 또는 서비스 기관이 결정을 내리는 데 필요한 모든 문서와 정보가 있음을 확인한 경우에만 완료된다.[9] 그러한 유형의 "완전한 신청" 소송에 대한 주장이 없는 경우에 HBOR이 적용된다고 법원은 인정하지 않고 있다.

Singh v. Bank of America, 2013 WL 1858436 판례에서 캘리포니아 HBOR법이 통과된 후 몇 달이 안 되어 완전한 채무조정신청을 제출한 주택소유자는 법을 적용하여 압류매각을 금지시키는 명령을 얻었다. 하지만 최근 순회재판의 항소심은 사전에 결정된 압류매각을 재추진하고자 하는 소송이 이 연방 법률을 위반한 것은 아니라고 선고하였다. 캘리포니아 항소심재판부(The Court of Appeals of California, Second Appellate District)는 이중추적 규정과 단일창구지정 규정(California's Homeowners Bill of Rights(HBOR), Calif. Civ. Code, §§ 2923.6, 2923.7)의 위반 소송에서 대출자에게 패소 결정을 하였다. 그 이유는 ① 대출자가 채무조정협약서를 받은 후 14일 이내 수용의사를 제공하지 않았으며, ② 대출자가 고객서비스대표가 채무조정신청서를 처리할 것을 지시하였다고 주장하였기 때문이다. 또 캘리포니아 항소심 재판부는 또한 대출자의 주장 즉 압류를 하려하지 않음, 공적수탁자의 불법 대체, 이점 없는 기만을 기각했다.[10]

그리고 Taitano v. Wells Fargo Bank, N.A., Case No.18-cv-03924-NC(N.D. Cal.

---

7) Stokes v. CitiMortgage, Inc., 2014 US Dist. LEXIS 125655, 21 (CD Cal. 2014년 9월 3일).

8) Massett v. Bank of Am., NA, 2013 US Dist. LEXIS 129651, * 2 (CD Cal. 2013년 9월 10일); Salazar v. US Bank NA, 2015 US Dist. LEXIS 49172, * 13 (CD Cal. 2015년 4월 6일).

9) Saridakis v. JP Morgan Chase Bank, 2015 US Dist. LEXIS 16751, * 5 (CD Cal. 2015년 2월 11일)

10) Landau v. Round Point Mortgage Servicing Corporation, 925 F.3d 1365, 27 Fla. L. Weekly Fed. C 2045, (11th Cir. June 11, 2019)), 재판부는 판결 서문에서 "계약법의 목적은 이해당사자의 합당한 기대를 보호하는 것이다(Ben-Zvi v. Edmar Co. (1995) 40 Cal. App.4th 468, 475.). 이 원칙은 모기지론 법에도 적용된다. 주택을 구입하거나 대환하기 위해 은행으로부터 자금을 빌리는 사람은 은행이 대출의 자금을 대고 있다는 합당한 기대를 한다. 은행은 매월 모기지론 상환금이 들어올 것이라는 합당한 기대를 가지고 있다. 여기 항소인의 합당한 기대는 충족되었다. 그러나 은행의 기대는 충족되지 못했다. 약 8년간의 모기지론 상환 불이행은 터무니없는 남용이다. 피고는 항변하였고 항소심 재판부는 항소인이 남용하였으며 게임이 끝났다는데 동의하였다.

Jan. 15, 2019)에서는 이중추적 금지 위반, 단일 창구 지정 위반, 선의의 묵시적 언약 및 공정한 거래 위반 소송에서 원고 패소 판결을 내리면서 채무조정의 완전한 신청을 완료하지 못한 점 및 단일 창구지정에 대한 증거 부족, 선의의 묵시적 언약에 대하서는 계약조건에 제한한다는 면에서 인정하지 않았다.

제 7 장

우리나라 주택담보대출 채무조정제도

CHAPTER

07 우리나라 주택담보대출 채무조정제도

1. 우리나라 개인채무조정제도

미국 모기지론 대출 채무조정프로그램인 HAMP(Home Affordable Modification Program)은 상설로 추진되는 일반적인 신용회복 프로그램과는 다른 일시적이며 임시적으로 추진되는 연방정부 및 주정부 차원의 모기지론 부실 해소를 위한 제도이다. 이는 상시적으로 운영되는 개인워크아웃제도나 기타 채무조정프로그램과는 다르며 심각한 가계부채문제의 해소를 위한 정부차원의 강력한 시장개입 사례이다.

대표적인 우리나라의 개인채무조정프로그램을 정리하면 <표 7-1>과 같다. 채무조정제도는 일정기간 채무의 일부를 변제하는 제도이며 조정주체에 따라 법원의 공적 조정제도와 그 외 기관을 통한 사적 합의에 의한 사적조정으로 구분된다. 우리나라의 공적 채무조정제도는 2004년에 도입된 법원의 개인회생제도이며 최저생활비 이상의 소득이 있는 채무자가 재산의 청산가치보다 미래 가용소득이 더 클 경우 이를 이용할 수 있다.

사적 채무조정제도는 신용회복위원회의 개인워크아웃, 프리워크아웃, 그리고 신속워크아웃이 있다. 개인워크아웃제도는 2002년에 시작되어 협약된 금융기관의 채무를 보유한 다중채무자의 채무를 조정하는 제도이다. 개인워크아웃제도는 무담보채무를 조정하여 왔고 이자감면, 채무원금 감면 및 최대 8년간 변제금 납입이 가능하다. 담보채무의 경우 금융기관 동의 시에만 채무조정이 가능하며 매각, 경매 등 담보권이 소멸된 후 채무조정 대상으로 포함될 수 있다. 신용회복위원회의 프리워크아웃이나 신속워크

〈표 7-1〉 우리나라 주체별 주요 개인채무조정제도

주체	법원		신용회복위원회			국민행복기금	금융권자체	
제도	개인파산	개인회생	신속채무조정	프리워크아웃	워크아웃	채무조정	프리워크아웃	워크아웃
운영 시기	'62.1~	'04.9~	'19~	'09~	'02.10~	'13.3~	'12~	'12~
대상	제한 없음 (사채 포함)	-총채무액 15억까지 (무담보 5억원, 담보 10억원)	협약기관 보유 채권 정상 및 연체 일 30일 이하	-총채무액 15억까지 (무담보 5억원, 담보 10억원) -협약기관 보유채권 -연체기간 31일 이상 90일 이하	-협약기관보유채권 -연체 3개월 이상 최근 6개월 내 -총채무액 15억까지 (무담보 5억원, 담보 10억원) -신규 발생 채무액이 총 채무액의 30% 미만	장기연체 신용대출	3개월 미만 연체자	3개월 이상 연체 장기연체자
내용	면책대상채권 (세금, 벌금 등 제외)	생활비 제외한 소득을 3년간 변제(단 변제 액이 청산가치 보다 클 때)	-연체이자 감면 -10년 이내 상환(원리금 균등분할) -조정이자율 (최고이자 율 15%)	-연체이자 감면 -장기분할 상환 무담보(최대 10년)/ 담보(35년) -상환유예(최대 11년) -이자율조정(최대 50% 인하, 5%~10%) -생활비 제외한 소득 변제	-무담보원금감면(상 각의 경우 20~70%, 미상각의 경우 최대 30%, 취약계층의 경우 최대 90%) -연체이자전액감면 -상환기간 연장 -분할상환(최대8년) -상환유예(최대 2년)	-원리금 감면 (원금감면율 약 53.7%) -상환기간 연장	-장기분할 상환(최대 10년) -연체이자 감면	-장기 채권 회수를 위해 일시 상환 (단기 분할) 을 전제로 한 원리금 감면
법적 효력	면책인가시 면책	변제 완료시 법적 면책	사적 조정에 의해 변제완료시 면책					
신용 정보	연체 등은 면책시 해제	연체 등은 인가시 해제	신용회복지원 확정시 연체정보 해제	미등록	해제		해제	

자료: 국민행복기금, 신용회복위원회 홈페이지, 금융위원회, 보도자료. 2019.2.18.

〈표 7-2〉 우리나라 비상시적 채무자 구제제도의 연혁

	상록수유동화	배드뱅크		신용회복기금 (국민행복기금에 흡수)	국민행복기금
		한마음:1차	희망모아:2차		
운영	한신평 신용정보	한국자산관리공사			국민행복기금
시행	2003년 10월	2004년 5월	2005년 5월	200년9월~2013년3월	2013년 4월
신청	상록수매입채권	매입채권(+개인 신청)	매입채권	기금매입채권	기금매입채권(+개별신청)
규모	3천만원 이하	5천만원 이하		3천만원 이하	1억원 이하 신용대출
매입채권의 성격	-3개월 이상 연체 그리고 최저생계비 이상 소득자 -연체채무액 중 10개 협약기관 채무가 1/2 이상	-6개월 이상 연체 -소득증빙 없이 가능 -일정한 선납금 납부 -620여개 금융기관 중심	-한마음금융 미 신청 채권 중 대부 가능한 것으로 금융기관이 제시한 채권 -30여개 금융기관	-상시적 채권 유입 (221개의 제한된 협약 금융회사로부터 장기 상각채권 등을 소규모 반복적으로 매입)	-2013년 2월말 기준 6개월 이상 연체자(장기연체 채무를 한시적 대규모 매입) -4천여 개의 협약기관
감면내용	-채무원금의 3% 선납 후 5년 분할 상환 -이자 전액감면 -원금감면(1년 약정시 20%, 3년 이내 약정시 10% 감면)	-채무원금 2~6% 선납시 8년 이내 나머지 장기저리 분할상환 신규대출 -성실납부자 이자감면	-채무원금 3% 상환 후 나머지 8년 분할상환 -조기 상환시 추가감면 -무재산은 원금 30% 감면 가능	-원금 감면 없이 연체 이자 전액감면 -8년 이내 장기분할 -조기상환시 잔액의 10~15% 추가 감면	-무재산은 원금 30~50% 및 이자 전액 감면(특수채무자 60~ 70% 감면) -조기상환 시 추가감면 -최장 10년
기간	한시적 운용 후 채권추심 담당			상시적 채권 유입	한시적, 일시적 지원 확대
정보해제	연체정보 해제		'희망모아약정' 성실납부시 기록 삭제	연체정보 해제	'신용회복지원 중'으로 등록 후 성실납부 시 기록 삭제
지원	-		성실 상환시 소액금융지원		
보증인	주 채무자 연체시 보증인에게 채권추심 가능. 약정에 의한 변제완료시 면책				

자료: 각 기금 홈페이지, 고연희·이희명(2013) 금융위원회 보도자료(2008.7.24, 2013.3.25)를 바탕으로 정리, 오윤해(2014), p.11 재인용.

아웃은 각각 31~90일 이내, 30일 이하 연체 채무자들을 대상으로 채무상환기관과 연체 이자 등을 조정한다. 이외에도 비상시적인 채권집중 프로그램이나 은행의 자체적인 채무조정 프로그램이 운영된다. 또 국민행복기금과 같이 비상시적인 채권집중프로그램을 통해 채무조정을 진행하기도 한다. 국민행복기금 이전에 실시된 비상시적인 채무조정 프로그램으로는 2003년도의 상록수유동화, 2004년도의 배드뱅크의 한마음, 2005년도의 희망모아, 2008년의 신용회복 기금 등이 있으며 각 프로그램 내용의 자세한 비교는 <표 7-2>에 제시되어 있다.

한편 2019년 2월에 금융위원회는 연체채무자의 채무해결과 신용회복 지원을 위해 신용회복위원회 워크아웃 제도를 개선하는 '맞춤형 채무조정제도'를 발표하였다(금융위원회, 2019. 2. 18). 이는 전체 채무조정제도의 큰 틀은 변경하지 않을 채 신용회복위원회의 제도를 채무완화를 위한 제도로 개선하고 있다. 즉 연체 전이나 연체 초기에 연체 위기자에게 신속 지원하는 제도를 강화하고, 상환불능자 즉 취약 채무자에게는 일정기간 성실 상환시 잔여채무를 면제하며, 연체 채무자의 경우는 미상각채무에도 원금감면을 도입하여 채무부담을 완화해 주는 내용이다. 이를 반영한 맞춤형 채무조정제도를 도식하면 [그림 7-1]과 같다.

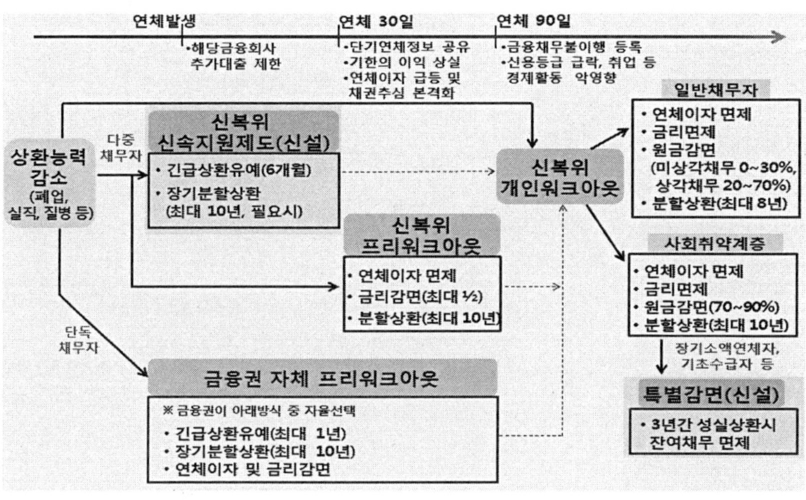

자료: 금융위원회(2019), 보도자료, p.9.

[그림 7-1] 맞춤형 채무조정체계

〈표 7-3〉 연도별 공적·사적 채무조정 이용자수

ㅁ 신복위 개인(프리)워크아웃 지원 실적

구 분	2010	2011	2012	2013	2014	2015	2016	2017	2018	누 계
신청	84,590	91,336	90,126	97,139	85,168	91,520	96,319	103,277	106,808	1,720,778
개인 워크아웃	77,308	76,839	71,795	77,481	69,679	76,098	79,231	83,998	83,713	1,562,206
프리 워크아웃	7,282	14,497	18,331	19,658	15,489	15,422	17,088	19,279	23,095	158,572
확정	72,329	79,172	80,368	85,400	73,925	77,757	81,401	89,087	93,136	1,536,572
개인 워크아웃	66,741	67,041	63,845	65,857	59,660	63,360	65,969	71,398	71,933	1,393,405
프리 워크아웃	5,588	12,131	16,523	19,543	14,265	14,397	15,432	17,689	21,203	143,167

ㅁ 법원 개인회생·파산 이용자 수

구 분		2010	2011	2012	2013	2014	2015	2016	2017	2018	누 계
개인 회생	신청	46,971	65,171	90,368	105,885	110,707	100,096	90,400	81,592	91,205	1,040,987
	인가	40,453	40,932	53,975	67,307	79,085	77,649	80,697	64,514	62,159	-
개인 파산	신청	84,764	69,755	61,546	56,983	55,467	53,866	50,288	44,246	43,397	1,066,335
	인용	75,811	73,554	68,265	56,690	55,096	54,566	54,607	44,215	39,916	-

자료: 금융위원회, 보도자료. 2019.2.18.

2. 한국과 미국의 주택담보대출 채무조정제도 비교

우리나라에서는 2017년 10월 24일 가계부채 종합대책을 시작으로 2018년 1월 취약·연체 차주 지원방안, 2018년 12월 21일 서민금융 지원체계 개편 방안, 2019년 1월 17일 주택담보 채무조정 활성화 방안을 연속으로 마련함으로써 주택담보대출 채무조정 제도를 구체화하였다. 이는 채무조정의 사각지대를 해소하고 채무자 재기 지원을 강화하기 위한 조치이다. 법원 개인회생의 채무조정 대상에는 신용대출만 포함되며 담보대출은 담보처분을 통해 변제되도록 제외(별제권 (채무자회생 및 파산에 관한 법률 §411 및 §586))된다.

개인회생 진행 중 채권자가 주택을 경매할 경우 채무자는 주거를 상실하며 이로 인한 주거비 부담으로 개인회생 이행에도 차질이 발생한다. 주택담보대출(주담대) 채권자는 담보가치를 상회하는 잔존 채무를 상환받기 위해 담보권 실행으로 잔존채무를 조속히 확정하여 변제계획에 반영하려는 유인이 존재한다.

그리고 신용회복위원회는 2013년부터 워크아웃에 주택담보대출도 포함하여 조정하고 있다. 하지만 경매, 주택담보대출 매각 등에 비해 채권자 참여 유인이 낮아 실적이 저조하여 왔다.[1] 채권자 참여가 저조한 원인으로 채권자 입장에서는 채무 조정안에 따라 주택담보대출을 상환 받을 경우 채무기간이 오래 연장됨에 따라 대손준비금을 더 오랜 기간 동안 적립해야 하고 부실채권 비율도 높아지는 문제가 발생하기 때문이다. 그리고 채무자 상환능력과 무관하게 획일적으로 채무 조정이 이루어짐에 따라 채권자의 회수가치가 크게 훼손될 가능성이 높았기 때문에 채권자의 채무조정 참여 유인이 낮았다.

기존의 신용회복위원회 주택담보대출채무조정제도는 2가지, 일반유형과 생계형 특례(주택시가 6억원, 연소득 7천만원 이하 대상)로 나뉜다. 일반 주택담보대출 채무조정은 ① 연체이자 면제, ② 상환기간 연장(거치 최대3년, 상환 최대20년), ③ 금리감면(최저 5.0%, 약정금리<5%時 약정금리 적용)을 일률적으로 적용한다. 생계형 특례는 ① 연체이자 면제, ② 상환기간 연장(거치 최대5년, 상환 최대35년), ③ 금리감면(최저 4.0%(=기준금리+2.25%), 약정금리<4%時 약정금리 적용)을 적용한다.

정부의 2018년 취약·연체 차주 지원 방안[2]에 따라 2월 26일부터 신용회복위원회는 한계차주의 주거 안정과 실질적 재기를 지원하기 위해 담보권 실행유예, 담보주택 매매지원, 주택담보대출 채무조정 특례 등 주택담보대출 한계차주 지원방안을 도입하였다. 한계차주란 주택담보대출 연체기간이 30일 초과하고 1주택 소유자로서 담보주택 가격이 6억원 이하이며 부부 합산 연소득이 7천만원 이하인 대출자를 말한다.[3] 이번

1) 신복위 주담대채무조정실적(건): (2013)101 (2014)56 (2015)12 (2016)11 (2017)6 (2018)50

2) 금융위 등(2008), 취약연체차주 지원방안 참조

3) 주택담보대출 한계차주 지원방안의 예외 대상은 1) 담보주택에 개인사채권자 등 협약 미체결 채권자의 저당권이 설정되어 있는 경우 2) 담보주택에 가압류 가등기, 가처분 등의 권리제한이 있는 경우 3) 이미 담보주택에 경매개시결정이 있는 경우 다만 경매기일이전에 경매신청자가 경매취하에 동의하는 경우 지원가능 4) 담보주택 관련 사해행위취소소송, 채무부존재 소송 등 법적 분쟁이 진행 중인 경우, 5) 채무자에 대한 개인회생 파산절차가 진행 중인 경우, 6) 채무자가 협약 제3조제2항의 채무조정 신청 제외대상에 해당하는 경우 다만, 재산평가액이 총재무액을 초과하더라도 담보주택 처분 후 채무상환을 위해 실행유예와 담보주택 매매지원을 요청하는 경우에는 지원 가능

방안에서 제공하는 담보권 실행 유예는 주택담보대출 연체차주가 담보주택을 매각하여 채무를 상환할 수 있도록 채권금융회사의 담보권 실행을 일정기간 유예하는 제도로 최장 1년 동안 채권금융회사의 담보주택에 대한 법원경매 신청을 유예할 수 있다. 채무감면이란 담보권 실행 유예 신청 시까지 발생한 연체 이자에 한하여 감면하되 담보대출 원금 및 정상이자는 감면하지 않는다. 담보주택 매매 지원은 담보권 실행유예가 확정된 주택담보대출의 담보주택 또는 주택담보대출 채무조정 특례가 확정된 주택담보대출의 담보주택이거나 신용회복위원회가 담보주택 매매지원 연계가 필요하다고 인정하는 경우에 신청가능하다. 담보주택 매매지원에 의해 담보주택이 매각된 경우 위원회는 한국자산관리공사로부터 수령한 매각대금을 채무상환계획에 따라 채권금융회사에 배분한다. 배분 후 잔여 채무에 대해서는 개인워크아웃 지원요건에 따라 채무조정을 지원한다.

2018년 1월 취약 연체차주 지원방안에서 금융회사가 담보권을 실행하기 위해서는 차주와 반드시 1회 이상 상담을 거치도록 규정하였다. 이때에는 담보권 실행 사유, 예상되는 담보권 실행시기, 차주가 이용가능한 채무조정제도 등 관련 사항을 충분히 안내하여야 하고 만약 상담할 수 없는 경우에는 차주의 연락처 변경 등 금융회사가 불가피하게 차주와 상담할 수 없는 사유를 명확히 규정하도록 하고 있다.

2019년 1월 17일에 발표된 주택담보대출 채무조정 활성화 방안[4)]은 '개인회생 연계형 신용회복위원회 주택담보대출 채무조정 신규 도입'이다. 새로 도입되는 연계 주택담보대출 채무조정 제도는 '생계형 주택 실거주자', 즉 주택가격 6억원 이하 그리고 부부합산 연소득이 7천만원 이하이며 실거주 주택자인 생계형 주택 실거주자만 연계 채무조정을 신청할 수 있다. 또한 연체 발생 후 30일이 경과되었을 경우에 해당된다. 이는 법원 개인회생제도와 민간 채무조정을 연계하여 채권자의 재산권 침해를 최소화하면서 채무자의 주거 안정과 보호를 추구하려는 목적을 가진다. 다음 그림은 신규 도입된 법원의 개인회생제도와 연계하여 신용회복위원회 주택담보대출 채무조정 절차를 보여준다. 절차를 살펴보면 우선 주택담보대출 관련 채무조정을 원하는 주택소유자는 서울회생법원에 변제계획안을 제출하고 동시에 신용회복위원회 주택담보대출채권 채무조정

4) https://www.fsc.go.kr/po010104/73494?srchCtgry=4&curPage=10&srchKey=&srchText=&srchBeginDt=&srchEndDt=

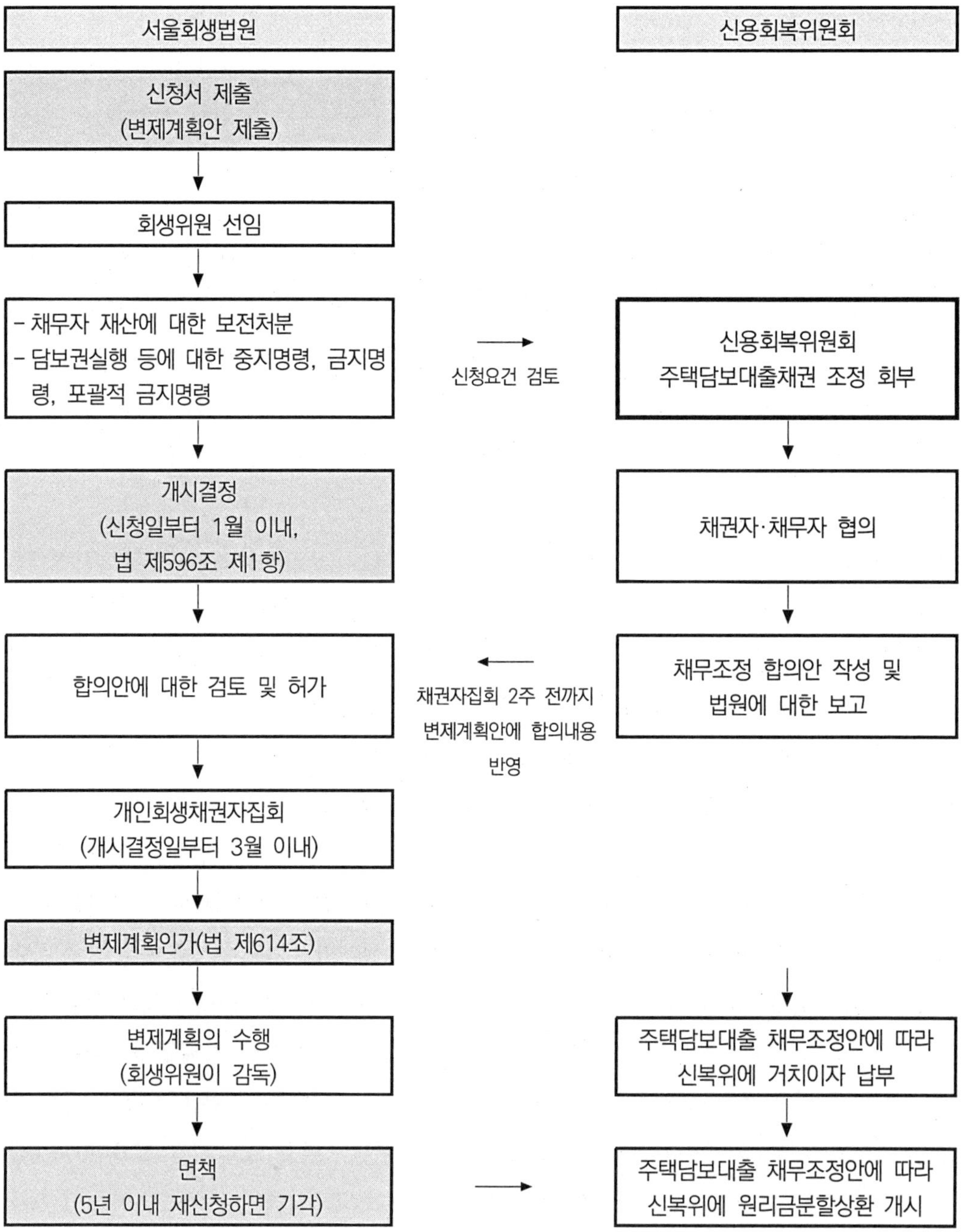

자료: 금융위원회 보도자료(2019).

[그림 7-2] 법원 개인회생 연계형 신용회복위원회 주택담보대출 채무조정 절차

을 신청한 후 신용회복위원회 채무조정 합의안을 개인회생 법원에 제출하게 되고 이를 반영한 변제계획 인가가 결정되면 신용회복위원회 채무조정 합의안(거치이자 납부)이 실행되면 변제계획 수행에 대한 감독 후 면책결정을 받게 되고 최종적으로 채무조정안에 따라 신용회복위원회에 원리금분할상환을 개시하게 된다.

2019년 7월 8일부터 신용회복위원회는 '취약채무자 특별감면제도'와 '주택담보대출 채무조정 활성화 방안'을 시행하고 있다. 취약채무자 특별감면제도란 사회취약계층에게 부여하는 채무감면율의 우대적용 이외에 추가로 성실이행자에게 우대적용을 더 하여 실질적으로 청산하게 하는 청산용 채무조정을 의미한다. 취약채무자는 기초생활수급자·중증장애인 그리고 소득이 중위소득 60% 이하인 70세 이상 고령자 등 사회취약계층의 경우가 해당된다. 취약채무자는 일반채무자보다 채무감면율을 우대적용 *(70~90%)하고 있지만 상환능력이 현저히 저하되었기 때문에 감면된 채무를 상환하는 데에도 통상 8년 이상이 걸리게 되고 이 경우 채권자는 채권의 회수를 기대하기 어렵게 된다. 이런 취지로 취약채무자 가운데 3년 성실하게 채무상환을 이행한 경우 특별감면을 추가로 부여함으로써 청산을 할 수 있게 한다. 자세한 취약채무자 특별감면제도의 대상자 및 지원 내용은 다음 표와 같다. 그리고 소득이 중위소득 60% 이하인 10년 이상 장기소액연체자의 경우 채무원금이 1,500만원 이하에 대해 채무감면의 혜택을 받을 수 있도록 하고 있다.

한편 주택담보대출 채무조정 활성화를 위해 채무자의 가용소득 수준에 따라 맞춤형 채무조정안을 적용하는 방안이 도입되었다.[5] 실거주 주택이면서 담보채무규모가 10억원 이하이고 연체 30일을 초과한 채무자를 가용소득 수준에 따라 3가지 유형으로 구분하고 그에 맞춰서 장기분할상환, 상환유예, 금리인하 등을 순차적으로 적용하는 방안이다. 가용소득이란 월소득에서 생계비 및 기타채무 상환액을 제외한 주택담보대출 상환에 사용가능한 소득을 말한다. 우선 가용소득이 주담대분할상환원리금보다 많은 A형은 분할상환 최대 20년, 약정금리(상한 10%)가 적용되고 거치기간은 없다. 가용소득이 주담대분할상환원리금보다 적지만 주택담보대출 약정이자보다 많은 B형은 A형과 같은 조건에 최대 3년의 거치기간이 추가된다. 가용소득이 주택담보대출 약정이자보다 적은

5) 금융회사 동의율 제고와 관련하여, 주담대 채무조정시 금융회사의 자산건전성 분류기준을 완화하는 감독규정 및 행정지도 개정안 기시행(2019. 6. 4).

〈표 7-4〉 취약채무자 특별감면제도 대상자

구 분	기초수급자(생계·의료) 장애연금 수령자	고령자(70세 이상)	장기소액연체자
소득·재산	소득 : 별도요건 없음 순재산 ≤ 파산면제재산[1]	소득 ≤ 중위소득 60% 순재산 ≤ 파산면제재산[1]	소득 ≤ 중위소득 60% 순재산 ≤ 파산면제재산[1]
연체기간	3개월 이상	3개월 이상	10년 이상
채무규모	제한 없음	제한 없음	1,500만원 이하[2]
지원내용	① 채무원금 80~90% 감면 ② (조정 전 채무원금 합산 ≤1,500만원時) 3년간 성실상환하면잔여 채무면책 (⇒ 최대 95% 감면효과)	① 채무원금 80% 감면 ② (조정 전 채무원금합산 ≤1,500만원時) 3년간 성실상환하면잔여 채무면책 (⇒ 최대 90% 감면효과)	① 채무원금 70% 감면[3] ② 3년간 성실상환하면 잔여채무 면책 (⇒ 최대 85% 감면효과)

1) 파산절차시 채권자 배당 대상에서 제외되는 임차보증금 및 생활비(지역마다 상이함. 서울특별시의 경우 4,810만원)

2) 신청당시 신복위 협약가입 금융회사에 대한 모든 채무원금 합산 기준

3) 연체 10년을 초과한 채무에 대해서만 70% 감면율 적용. 나머지 채무는 채무과중도에 따라 20~70% 감면율을 차등적용

자료: 금융위원회 보도자료(2019. 7. 2).

C형은 분할상환 최대 20년, 거치기간 최대 3년에 거치기간 동안은 약정 금리의 2분의 1(기준금리 +2.25%P 하한), 상환기간에는 약정금리(상한 10%)가 적용된다. 만약 주택시세 6억원 이하 실거주 주택에 대한 주택담보대출이 연체 30일을 초과한 채무자 가운데 부부합산 연소득이 7000만원 이하인 경우에는 생계형 특례를 적용받을 수 있어 보다 큰 폭의 채무조정을 받을 수 있다.

우리나라의 개인채무조정프로그램과 미국의 모기지론 관련 가계채무조정프로그램을 비교해 보면 몇 가지의 특징을 발견할 수 있다. 우리나라에서는 주택담보대출만을 대상으로 하는 개인채무조정프로그램은 최근에 도입되었으며 채무불이행자는 전체적인 개인채무조정제도를 통해 구제를 받을 수 있다. 따라서 우리나라의 개인채무조정제도와 미국의 모기지론 관련 채무조정제도를 직접적으로 비교하는 것에 무리가 있다. 미국의 경우 사전적인 가계채무조정프로그램의 미비 또는 어려움에 빠진 채무자를 보호

하는 일반적인 정책의 부재를 나타냈다. 이런 점으로 볼 때 주택가격의 붕괴 및 가계부채의 위기가 발생하기 전에 주택담보대출을 대상으로 하는 가계채무조정제도의 법제화가 필요하다.

둘째, 미국의 HAMP, HARP 등과 같은 가계채무조정프로그램은 한시적으로 운영되는 극약처방과 같은 성격을 가진다. 또 그 조정대상이 되는 부채들의 특징을 보면 미상환되거나 압류처리에 직면한 모기지론이 주요 대상이다. 즉 미국 가계채무조정프로그램은 압류보호를 위한 정책으로 동시다발적 압류발생을 제어하기 위해 한시적으로 운영되었다는 특징을 가진다. 따라서 이와 같은 채무조정프로그램의 추진은 분명한 정책목표가 있어야 하고 정책효과가 달성되었을 때 실행을 제한할 수 있는 방식으로 추진될 경우 도덕적 해이의 여지를 가능한 한 줄일 수 있다. 가계채무조정프로그램의 오남용의 가능성은 언제나 존재하기 때문에 가계부채문제에 대한 대표적인 직접적인 정부자금지원은 가계부채문제가 매우 심각하여 실물경제에 치명적인 영향을 초래한다고 판단될 경우 한시적으로 운영되는 것이 바람직하다.

셋째, 미국 가계채무조정프로그램은 이해당사자들의 참여에 대한 권리를 훼손하지 않고 자발적 참여를 유도하는 유인정책을 여러 차례의 시행착오를 겪으며 보완하면서 정책적 효과를 얻을 때까지 변경하여 왔다. 미국의 모기지론은 일순위와 이순위(후순위) 대출, GSE 보증 대출과 비보증 대출, DTI. LTV 기준, 실업자, 농촌 지역, 퇴역군인 등 다양한 기준을 고려하면서 도움이 필요한 주택보유자를 선정하고 그것에 적합한 부채완화프로그램을 마련하였다. 이처럼 복잡하고 다양한 프로그램을 마련하기까지 시행착오를 겪듯이 주택담보대출이 비교적 덜 복잡한 우리나라도 유사한 시행착오를 예상할 수 있으므로 그동안의 개인채무조정 사례들에 대한 데이터베이스 구축 등을 통해 구체적인 프로그램의 연구가 필요하다.

넷째, 미국의 비상시적 채무조정프로그램은 2기의 출발과 함께 전반적으로 인센티브 강화, 지원요건의 완화 등으로 변화하였다. 그 가운데에서도 가장 핵심적인 프로그램은 오바마 플랜으로 불리는 HAMP 즉 3단계에 걸친 채무조정프로그램이었다. 3단계 과정은 목표로 하는 DTI 수준 즉 월부채상환부담의 적정수준에 도달하게 하고 영구적으로 유지할 수 있는 지를 찾아가는 다소 장기간에 걸친 과정이다. 이 과정에서 정부의 역할은 채무 조건의 완화(이자율 감소 및 채무유예 기간 연장)에 따른 투자자, 대출은행, 모기지론 중개자의 손실을 어느 정도 보전해 주는 지원에 있다. 공적인 기금이 제공된다는 면에서 우리나라의 '국민행복기금'의 채무조정과 유사하다.[6] 반면에 미국의 HAMP와 우리나라의 국민행복기금의 지원대상은 다르다. 미국의 HAMP가 모기지론을 대상으로 한다면, 국민행복기금은 장기연체 신용대출이기 때문이다. 2016년 9월부터 신용회복위원회의 개인워크아웃제도는 민간차원에서 대출기관이 자발적으로 부채조건을 완화해주는 제도이기 때문에 정부기금에 의해 지원되는 미국의 가계채무조정프로그램과는 다르며 경제위기 상황에서 가계부채 문제를 해소하기에는 한계가 있다. 따라서 가계부채 위기 상황을 대비하여 국민행복기금의 지원 대상을 압류에 직면한 주택담보대출자로 확대하는 방안을 검토할 필요가 있다.

다섯째, 우리나라 개인채무조정 제도는 개인의 신용회복에 초점을 두어 왔다. 우리 경제에서 가장 우려되는 것은 가계부채의 과도성이다. 조금만 금리가 상승해도 주택담보대출 및 신용대출자의 부담에 대한 우려가 등장한다. 향후 우리나라 개인채무조정의 목표에서 주택소유자의 주거안정이 포함되어야 한다. 주택소유자가 집을 지킬 수 있도록 주택소유자의 권리를 인정하고 압류를 최대한 연기 또는 방어할 수 있도록 채무조정제도를 보장해야 할 것이다.

---

6) 국민행복기금의 바꿔드림론은 미국의 가계채무조정제도의 HARP와 유사한데, 지원대상이 제2금융권이나 대부업체로 한정되어 있기 때문에 차이가 있다.

참고문헌

김현정 · 김우영 · 김기호(2009), "한국노동패널자료를 이용한 가계분석," 『경제분석』, 15(3).

기획재정부, 국토교통부, 금융위원회, 한국은행, 금융감독원(2016), 가계부채 관리방안, 보도자료(2016.8.25.일자).

______(2016), 효율적 개인채무조정을 위한 개선방안.

금융위원회(2016), 국민행복기금 출범 3년의 성과 및 향후 계획, 보도자료(2016.3.29.일자)

금융위원회(2019), 7.8일부터 '취약채무자 특별감면 제도'와 '주택담보대출 채무조정 활성화 방안'을 시행. 2019.7.8 보도자료.

금융위원회(2019), 주택담보대출 채무조정 활성화 방안, 2019.1.17. 보도자료.

김설매 · 김태연 · 이윤정(2020). 패션제품 소비의 테라피적 효과에 관한 연구 : 근거이론 방법의 적용, 소비자학연구 31권 6호. 199~222.

법제연구원(2009), 미국의 긴급경제안정법(Emergency Economic Stabilization Act of 2008)의 내용, 해외법제뉴스, 법제 93, 92~100.

성태윤, 박기영, 박단비(2012), "글로벌 금융위기 이후 영미 금융 감독체계의 변화", 한국경제의 분석, 18(1), 1~39.

성태윤 · 박기영 · 김도연(2011), "금융위기와 구제금융:글로벌 금융위기와 외환위기의 비교를 중심으로," 한국경제의 분석, 17(0), 1~45.

오윤해(2014), 개인채무조정제도의 평가와 정책적 시사점, KDI.

유경원(2013), "가계부채의 확대에 따른 리스크 요인 점검," 『금융연구』 Working Paper 13~11, 한국금융연구원.

유경원(2016), "가계부채 위기와 채무조정제도의 개선," 하나금융포커스 6(27), 1~5.

이규복(2014), 가계대출 관련 금융소비자보호 강화방향 및 시사점 – 최근 미국의 정책적 변화를 중심으로, "한국금융연구원 금주의 논단, 23(3), 3~7.

이순호(2012), "개인 채무조정 및 개인파산체계 정비방안," 주간 금융브리프, 21(35).

이재민 · 유경원(2014), 가계부채가 내수에 미치는 영향, 국회예산정책처 용역보고서.

한국금융연구원(2013), 가계부채 백서.

허윤경 · 이승우(2012), 금융위기 이후 미국의 모기지론 지원 프로그램의 시사점, 한국건설산업연구원.

CFPB(2016), *Consumer Financial Protection Bureau outlines guiding principles for the future of foreclosure prevention.*

Dawsey, Amanda E. and Lawrence M. Ausubel(2004), Informal Bankruptcy, U niversity of North Carolina Greensboro and University of Maryland.

Fay, Scott A. and Hurst, Erik and White, Michelle J., The Bankruptcy Decision: Does Stigma Matter? (January 1998). University of Michigan Working Paper No. 98-01. Available at SSRN: https://ssrn.com/abstract=70915 or http://dx.doi.org/10.2139/ssrn.70915

Gerardi, Kristopher, Adam Hale Shapiro and Paul S. Willen, "Decomposing the Foreclosure Crisis: House Price Depreciation versus Bad Underwriting", *Federal Reserve Bank of Atlanta Working Paper* 2009-25, 2009.

Himmelstein, David U. and Warren, Elizabeth and Thorne, Deborah and Woolhandler, Steffie J., Illness and Injury as Contributors to Bankruptcy (February 8, 2005). Available at SSRN: https://ssrn.com/abstract=664565 or http://dx.doi.org/10.2139/ssrn.664565

IMF(2012), Dealing with household debt.

Inspector General(2012), "An overview of the Home Foreclosure Process," US Federal Housing Agency.

John W. Creswell, 조홍식 등 역, 질적연구방법론 2005, 학지사.

Making Home Affordable(2010,2011,2012,2013,2014,2015), *Program performance Report.*

Mayer, Christopher J. and Todd Sinai,(2009) "U.S. House Price Dynamics and Behavioral Economics", In *Policy Making Insights on Behavioral Economics*(Federal Reserve Bank of Boston, Boston, MA), ed. by Christopher L. Foote, Lorenz Goette, and Stephan Meier, 261~295.

_______, Christopher(2010), "Housing, Subprime Mortgages, and Securitization: How Did We Go Wrong and What Can We Learn So This Doesn't Happen Again?", *Working Paper* presented in Financial Crisis Inquire Commission.

McKinsey Global Institute(2010), *Debt and deleveraging ; The global credit bubble an its economic consequences.*

McKinsey Global Institute(2012), *Debt and deleveraging ; Uneven progress on the path to growth.*

McKinsey Global Institute(2013), *Debt and deleveraging ; Uneven progress on the path to growth.*

NCLC(2013), *At A Crossroads, Lessons From the Home Affordable Modification Program(HAMP).*

Neighborworks America(2016), *National Foreclosure Mitigation Counseling Program, Congress Update.*

_______(2018), Responding to a Crisis, *The National Foreclosure Mitigation Counseling Program,* 2008~2018.

Strauss, Anselm and Juliet Corbin (1990) Basic of Qualitative Research: Grounded.

Theory Procedures and Techniques (2nd ed.). (신경림 역), 근거이론의 단계, 현문사.

OECD(20160, Household debt in OECD countries, OECD Economics Department Working Papers No. 1277.

Taylor, John B.(2007), "Housing and Monetary Policy", Proceedings, Federal Reserve Bank of Kansas City, 463~476.

The Department of the Treasury, the Department of Housing and Urban development, the Federal Housing Finance Agency(2016), Guiding principles for the future of loss mitigation.

White, Michelle J., Why it Pays to File for Bankruptcy: A Critical Look at the Incentives Under U.S. Personal Bankruptcy Law and a Proposal for Change. University of Chicago Law Review, Vol. 65, No. 4, 1998.

Available at SSRN: https://ssrn.com/abstract=137828 or http://dx.doi.org/10.2139/ssrn.137828

판례

GARY L. COOKSEY, et al., Plaintiffs, v. SELECT PORTFOLIO SERVICING, INC., et al., Defendants., United States District Court for the Eastern District of California,September 17, 2014, Decided; September 18, 2014, Filed No. 2:14−cv−1237 KJM KJN

IN RE: BANK OF AMERICA HOME AFFORDABLE MODIFICATION PROGRAM (HAMP) CONTRACT LITIGATION, UNITED STATES DISTRICT COURT DISTRICT OF MASSACHUSETTS NO. 1:10−md−2193−RWZ

VICKI AND RICHARD SUTCLIFFE, Plaintiffs, v. WELLS FARGO BANK, N.A., ET AL., Defendants, United States District Court for the Northern District of California May 9, 2012, Decided; May 9, 2012, Filed Case No. C−11−06595 JCS

PHILLIP R. CORVELLO, Plaintiff−Appellant, v. WELLS FARGO BANK, NA, DBA America's Servicing Company, DBA Wells Fargo Home Mortgage, Inc., Defendant−Appellee.KAREN LUCIA; JEFFREY LUCIA, on behalf of themselves and all others similarly situated,

Plaintiffs－Appellants, v. WELLS FARGO BANK, NA, AKA Wells Fargo Home Mortgage, Inc., Defendant－Appellee., United States Court of Appeals for the Ninth Circuit March 20, 2013; August 8, 2013, Filed No. 11－16234, No. 11－16242

EDMILSON AZEVEDO, Plaintiff, v. U.S. BANK N.A., AS TRUSTEE FOR THE SECURED ASSET SECURITIES CORPORATION MORTGAGE PASS－THROUGH CERTIFICATES, SERIES 2005－AR1; CITIGROUP, INC.; and WELLS FARGO BANK, N.A. D/B/A AMERICA'S SERVICING COMPANY, Defendants.. United States District Court for the District of Massachusetts March 9, 2016, Decided; March 9, 2016, Filed Civil Action No. 15－cv－11758－ADB

찾아보기

[ㅈ]

[ㅊ]

[ㅍ]

[ㅎ]

[기타]

[저자 약력]

김 성 숙

서울대학교 생활과학대학 소비자학과 박사
전) 가정과삶의질 학회 회장 역임
현) 계명대학교 사회과학대학 소비자정보학과 교수
한국소비자정책교육학회 회장, 금융소비자학회 부회장, FP학회 부회장

홍 연 금

가톨릭대학교 소비자학 박사
한국소비자단체협의회 물가감시센터 본부장
계명대학교 소비자정보학과 겸임교수
가톨릭대학교 소비자주거학과 시간강사

미국 모기지론 채무조정제도와 소비자보호

초판발행 2021년 5월 10일

지은이 김성숙·홍연금
펴낸이 박노일

총괄기획 김중용·최준규
편 집 심성보·김인숙

펴낸곳 pnc publishing and culture 피앤씨미디어
경기도 고양시 일산동구 강송로 153 310-1501
등록 제396-2012-000203호
전 화 070)7550-3758 팩 스 02)718-8554
홈페이지 www.pncmedia.co.kr 이메일 pnc@pncmedia.co.kr
ISBN 979-11-5730-711-1 93320

정 가 15,000원